탐구 활동과 함께하는
유아 공간조성놀이

탐구 활동과 함께하는 유아 공간조성놀이

초판 1쇄 발행 2025년 1월 17일

지은이 김혜림
펴낸이 장길수
펴낸곳 지식과감성#
출판등록 제2012-000081호

교정 이주희
디자인 정윤솔
편집 정윤솔
검수 김나현, 이현
마케팅 김윤길, 정은혜

주소 서울시 금천구 벚꽃로298 대륭포스트타워6차 1212호
전화 070-4651-3730~4
팩스 070-4325-7006
이메일 ksbookup@naver.com
홈페이지 www.knsbookup.com

ISBN 979-11-392-2387-3(03370)
값 16,700원

- 이 책의 판권은 지은이에게 있습니다.
- 이 책 내용의 전부 또는 일부를 재사용하려면 반드시 지은이의 서면 동의를 받아야 합니다.
- 잘못된 책은 구입하신 곳에서 바꾸어 드립니다.

지식과감성#
홈페이지 바로가기

탐구 활동과 함께하는
유아 공간조성놀이

김혜림 지음

CONTENTS

01
옥상에 만든 곤충들의 쉼터

01 곤충 표본을 관찰해요 **10**
02 흙으로 만드는 곤충 집 **12**
03 조형 놀이와 거미줄에 걸린 곤충들 **15**
04 공학 부품으로 만든 곤충 로봇 **20**
05 자연물로 쌓아 올린 곤충 아파트 **26**

04
자연으로 그린 그림, 우리만의 벽화

01 재미있는 물감 놀이 **68**
02 자연의 모양 **75**
03 자연으로 그린 그림, 우리만의 벽화 **79**

02
자연에서 온 색깔 카펫

01 광목천 색칠 놀이와
　 염색 놀이 32

02 아주 커다란 천 36

03 빨래 놀이와 수조 꾸미기 40

04 카펫에 자연물 도장 찍기 45

03
옥상에 만든 인디언 텐트, 오두막

01 다양한 자연물을 탐구하고
　 관찰해요 52

02 물에 뜨는 것과 가라앉는 것 56

03 자연물을 이용한 무게 비교와
　 균형 놀이 59

04 나뭇가지로 만든 인디언 텐트 63

05
연잎 징검다리와 벽돌 놀이 집

01 연잎에 그림을 그려요 86

02 연잎 화석을 만들어요 90

03 지층과 화석 놀이를 해요 94

04 시멘트로 벽돌 놀이 집을
　 만들어요 100

06
화단과 흙 놀이 공간

01 동물 서식지를 꾸며요 108

02 식물은 어떻게 살아가나요? 113

03 자동 광합성 화분과
　 거치대를 만들어요 118

04 식물이 살아갈 화단을
　 조성해요 122

05 아쿠아포닉스 ― 동물과 식물이
　 함께 살아가요 127

★ 탐구 활동이 함께하는 유아 공간조성놀이 프로젝트 전개 양상

1. 실행 기간: 2023년 4월~2023년 10월

영유아의 탐구 활동부터 놀이 과정 및 사후 옥외 조성 활동까지 연계된 유아의 흥미 지속 기간을 의미함.

2. 참여자 연령: 2021년생(당시 만 30개월)~2016년생(당시 만 7세)

놀이가 진행되었을 당시 대상자의 연령을 의미하며 해당 사례에서는 영아기부터 유아 및 학령 전, 초등학교 저학년까지 폭넓은 연령대가 함께 사회 공헌을 목적으로 옥외 조성 프로젝트를 진행함.

3. 활동 전개 양상:

(1) 교사가 제시한 실내 탐구 활동 및 유아 자유 놀이의 발현
(2) 교사와 유아의 상호작용 및 활동 흐름에 따른 연계 활동의 제시
(3) 야외 옥상 공간에서 이뤄지는 주제 관련 협동 설치물 제작 작업
(4) 사후 확장 활동이 상호 유기적으로 전개되고 있다.

4. 활동별 제시되는 교과 지식

🌱 플립러닝
활동이 진행되기 전 주제와 관련하여 교사가 아이들에게 교수한 지식, 활동 참여자가 미리 인지 체계에 구성하고 있는 선행 지식

🌱 teachable moment
활동이 전개되는 당시에 즉석에서 발현된 학습할 만한 가치가 있는 교과 내용(지식, 가치, 기술, 태도 등의 총체)

🌱 실제 확장 활동
진행된 활동 이후 확장된 사후 연계 활동

01 옥상에 만든 곤충들의 쉼터

교사가 제시한 표본 관찰 활동 이후 '곤충'을 주제로 한 유아 흥미 중심의 놀이 및 일련의 탐구 활동을 서술하고, 이와 연계하여 옥외 공간에 조성된 '곤충 쉼터' 제작 사례를 소개합니다.

놀이 흐름 속 주제 관련
탐구 활동 연계 및 옥외 공간 조성 사례

- 01 -
곤충 표본을
관찰해요

- 02 -
흙으로 만드는
곤충 집

- 03 -
조형 놀이와
거미줄에 걸린 곤충들

- 04 -
공학 부품으로
만든 곤충 로봇

- 05 -
자연물로 쌓아 올린
곤충 아파트

01 곤충 표본을 관찰해요

<교사 주도>

교사는 센터 내 탐구 공간에 곤충(헤라클레스 장수풍뎅이, 여왕 말벌, 사슴벌레, 노린재) 표본과 실제 생물 상태의 사슴벌레 성충을 비치해 두었다. 이때 교사는 곤충 모형과 흙을 함께 제공하여 어린 유아가 표본 관찰과 더불어 자유로운 흙 놀이 및 상상 놀이를 연계하여 확장시킬 수 있도록 환경을 구성했다.

> 교사: 사슴벌레는 나무줄기에서 나오는 물인 수액 또는 과일즙을 빨아 먹고 살아. 이 사슴벌레에게는 나무 집이 없으니 과일즙이 담겨 있는 곤충 젤리를 먹이로 주면 돼. 사슴벌레가 움직일 때의 모습이나 생김새를 관찰해 보자.
>
> 유아 1: 손으로 만져 보고 싶은데 조금 무서워요. 집게로 살짝 잡아 봐도 돼요?
>
> 유아 2: 그럼 사슴벌레가 다칠지도 몰라. 딱딱한 껍질만 손가락으로 살짝 건드려 보자.
>
> 유아 3: 우리 여기 있는 흙이랑 곤충 장난감으로 놀이해 보자. 여기는 곤충 세상이야. 난 개미고 너는 사마귀 역할을 해. 무당벌레도 귀엽지?

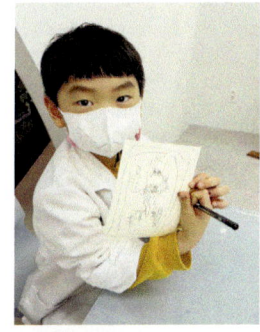  
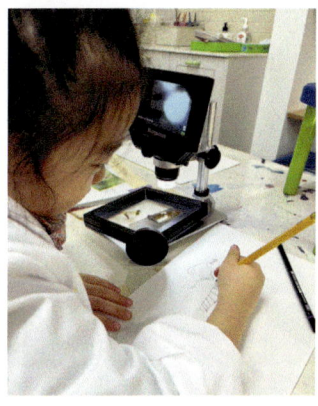 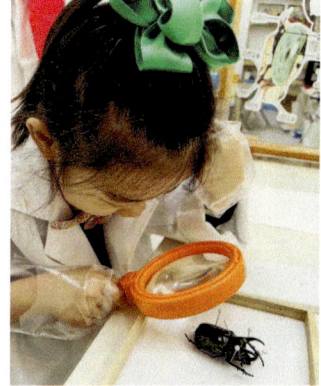 

　이후 교사는 곤충에 대한 관심이 제고된 아이들에게 실물 곤충과 표본, 그림 매체, 사진 자료를 제공하였다. 세밀 묘사는 대상에 대한 관찰력과 표현력 및 탐구력을 증진시킬 수 있는 방법 중 하나이다. 그리는 것에 흥미를 느끼는 아이들에게는 이 자체만으로도 유의미한 놀이이자 교육 활동이 된다.

🌷 플립러닝
곤충의 구조(겹눈, 홑눈, 더듬이, 마디, 머리, 가슴, 배 등) 및 생김새
곤충의 종류별 이름과 특징

🌷 teachable moment
대상의 물리적 속성 및 생김새와 관련된 관찰 및 표현력

🌷 실제 확장 활동
대상에 대한 관찰과 묘사 및 표현

02 흙으로 만드는 곤충 집

<유아 발현>

아이들은 곤충 표본과 모형, 흙을 이용한 탐색 활동을 한 주간 즐겼다. 이 과정에서 아이들의 흥미는 '개미집'에 대한 관심으로 전이되었다. 이는 아이들이 '흙'이라는 매체의 물리적인 속성을 탐구하면서, 땅속에 집을 짓고 사는 개미의 생물학적 특성을 관찰한 결과였다. 아이들은 개미집을 만들기 위해 '새로운 흙의 필요성'을 제시했고 교사는 아이들이 말한 조건(부드러운 촉감, 흙과 비슷한 색깔, 쉽게 뭉쳐지는 특성)에 부합하는 흙인 '황토 가루'를 구비해 주었다. 이때 연령이 낮은 아이들은 곤충 모형 외에도 모래놀이 도구와 삽, 일회용기, 중장비 자동차 장난감 등을 가져와 자유로운 상상 놀이를 즐기는 경향을 보였다.

🧒 유아 1: 조금 더 부드러운 흙이 필요할 것 같아요. 모래처럼요. 하지만 모래는 안 돼요. 금방 무너지니까요.
👩‍🏫 교사: 그렇다면 흙을 채에 걸러서 덩어리가 큰 알갱이들을 버리면 어떨까?
🧒 유아 2: 그럼 흙이 너무 조금만 남을 것 같아요.

- 놀이용 배양토를 황토 가루로 대체한 뒤 -

👩‍🏫 교사: 황토 가루를 만질 때 느낌은 어때?
🧒 유아 3: 부드럽고 촉촉한데 무슨 냄새가 나는 것 같아요. 흙냄새 같기도 하고 아니면 방귀 냄새 같기도 해요.
🧒 유아 1: 이렇게 뿌리면 먼지같이 날아다니는 것 같아요.
🧒 유아 2: 물을 섞으면 아주 부드러운 진흙같이 변해요.

유아들은 황토 가루와 함께 지점토나 찰흙으로 개미 알과 저장해 놓은 먹이 등을 만들며 역할놀이를 연계했다. 황토 가루는 모래, 자갈 등이 섞인 배양토와 달리, 단일 성분이기에 입자 크기나 색이 일정하다. 연계되는 부재료(찰흙, 지점토, 색자갈 등)가 눈에 잘 부각된다는 특성이 있어 상징 놀이에 적합했다.

학령 전 유아 혹은 초등 저학년 아이들은 개미집의 구조와 서식 방식 등 개미의 특성을 탐구했다. 이후 탐구 지식을 반영하여 체계적인 역할놀이를 시도하였다. 반면, 연령이 다소 낮은 유아 및 영아들은 알과 새끼 개미를 짝지어 보며 일대일 대응과 수 세기 활동을 진행하였다. 곤충에 대한 흥미는 아이들로 하여금 다양한 놀이로의 확장을 가능케 했다.

　아이들은 황토 가루에 물을 배합해 진흙을 만들어 내어 새로운 감촉을 느끼는 것을 즐겨 했다. 이는 물질의 농도, 질감 등 상태 변화와 관련된 과학적 탐구 능력을 증진시킬 수 있는 기회였다. 교사는 아이들과 함께 같은 양의 물에 각기 다른 양의 가루를 섞어 서로 다른 농도의 액체를 만들어 내는 활동을 진행했다. 이후 아이들은 물질의 변화를 즉각적으로 파악해 내면서 자신이 원하는 질감과 농도의 황토 반죽을 만들어 각 놀이에 활용하는 양상을 보였다. 물의 양을 적게 해 뭉치는 감각 놀이 및 조형 놀이를 하거나, 물의 양을 늘려 묽어진 진흙을 가지고 그림을 그리는 용도로 쓰기도 하였다.

❦ 플립러닝
　개미집의 구조와 역할
　개미의 속성

❦ teachable moment
　흙과 황토의 성질 비교
　개미집의 구조와 개미의 생활상
　다양한 도구의 활용

❦ 확장 활동
　황토 반죽 놀이

03 조형 놀이와 거미줄에 걸린 곤충들

<교사 제시 및 유아 주도>

아이들은 찰흙과 지점토로 곤충의 알, 먹이 등을 만들어 냈다. 이를 본 교사는 조형 놀이를 통해 곤충을 표현해 볼 것을 제안했다. 아이들은 찰흙에 철사나 이쑤시개 등을 꽂아 곤충의 더듬이와 다리 등을 표현하기도 하고, 물감으로 채색하여 곤충 특유의 색감을 재현하기도 했다.

> 교사: 곤충을 만들 때 곤충이 어떻게 생겼는지 생각하면서 만들어 볼까? 껍질이 단단한지, 다리와 더듬이는 긴지 짧은지 이런 걸 떠올려 보고 어울리는 재료를 골라 보자.
>
> 유아 1: 곤충의 다리는 철사를 구부려서 만들고 몸은 물감으로 색칠할 거예요.
>
> 유아 2: 곤충이랑 똑같은 색깔로 칠해도 되고, 제 마음대로 칠해도 되는 거죠?
>
> 교사: 그럼. 그리기나 만들기는 너희가 자유롭게 하면 되는 거야. 관찰해서 똑같이 만들면 그건 진짜 곤충 같은 모형 작품이 되고, 원하는 대로 바꿔서 만들면 그건 독특하고 특별한 작품인 거지.

> 😊 유아 1: 선생님, 이 유리구슬은 거미줄에 달린 물방울이에요. 전날에 비가 내려서 맺혀 있는 거예요.
> 😊 유아 2: 사슴벌레가 거미줄에 걸렸지만 불쌍해서 언제든지 도망갈 수 있게 위에 붙여 줄래요.
> 😊 유아 3: 보통 나무나 지붕 같은 높은 곳에 거미줄이 많이 쳐져 있어서 나뭇가지를 쓴 거예요.
> 😊 유아 2: 땅거미는 땅을 기어다니니까 돌멩이를 바닥에 깔아 줬어요.

마지막으로 아이들은 나무 막대와 자연물, 털실 등을 이용해 거미줄을 만들었다. 그리고 자신이 만든 곤충을 연결해 '거미줄에 걸린 여러 곤충들'의 모습을 표현했다. 아이들은 거미줄을 만들 때에도 다양한 재료를 탐색했다. 그리고 곤충과 연관된 특성 중 중점적으로 표현하고 싶은 부분을 찾아서 개성 있게 나타냈다. 예컨대, 거미줄의 형태를 복잡하게 혹은 단순하게 하거나, 실제 방사형의 형태를 고려하여 나무 막대의 길이와 개수를 달리했다. 상징화시키고 싶은 대상을 고려하여 유리구슬로 물방울을, 다량의 나뭇가지로 숲속을 표현하기도 했다.

대상에 대한 보다 세밀한 묘사를 원하는 아이들을 위해서 교사는 3D 프린터를 조형 활동에 활용하기도 했다. 3D 프린팅으로 인화한 다양한 종류의 곤충 모형을 아크릴 물감으로 채색하도록 한 것이다. 아두이노와 코딩, 3D 프린팅, IoT 등의 4차 산업기술을 아이들의 일상 속 예술 놀이에 자연스럽게 융합시킬 수 있었다. 아이들은 새로운 방식의 조형 활동과 신기술에 매우 큰 흥미를 보였다.

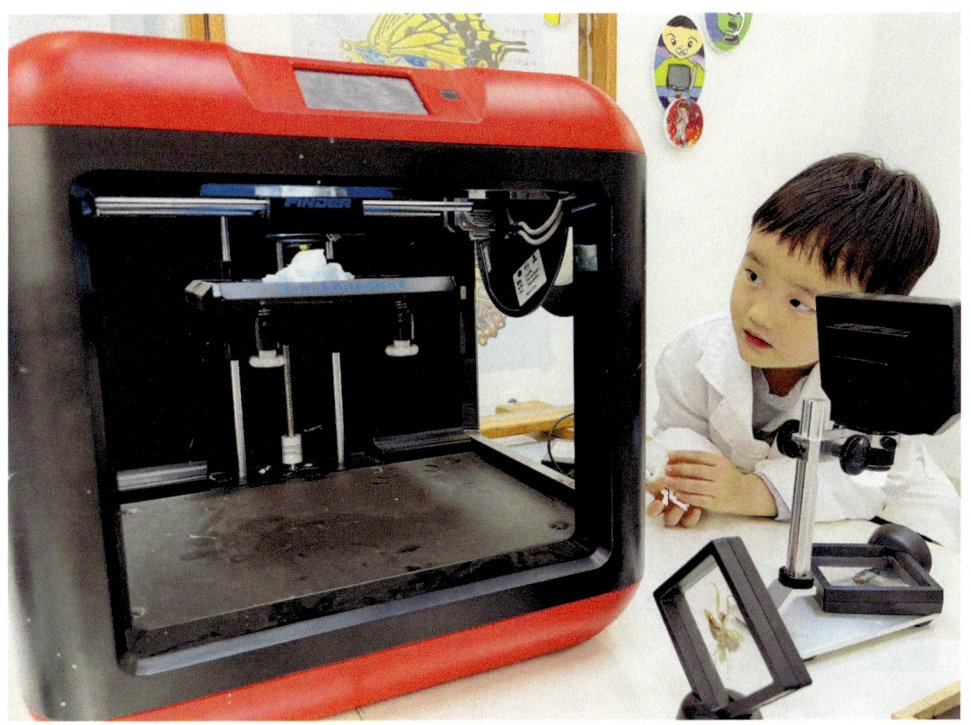

교육용으로 무상 배포 되는 다양한 3D 프린터 프로그래밍 도안을 다운받아 프린터에 입력시키면, 즉석에서 3D 프린터 작업을 관찰할 수 있다. 다만 시간이 오래 걸리는 도안은 교사가 활동 전에 미리 구동시켜 놓았다. 아이들은 3D 프린팅의 적층 기술을 눈으로 확인해 보며 즐거워했다. 곤충 외에도 간단한 도형을 인화해서 형상을 만들어 냈다. 건축물, 일상 속 물건, 동물, 화석 등 여러 형상을 인화하여 놀이에 응용했다.

🧑‍🏫 교사: 종이에 그림이나 글자를 인쇄하면 이렇게 납작한 면으로 나오지? 3D 프린터는 우리가 원하는 모양을 입체적으로 프린트할 수 있어. 올록볼록한 형태로 만들어 내는 거야.
이렇게 하얀 플라스틱 줄을 필라멘트라고 하는데 이건 마치 그림을 그리는 물감과 같아. 아주 뜨거운 열로 플라스틱을 녹이면, 녹은 플라스틱이 아래로 흐물흐물하게 내려오면서 모양을 만드는 거지.

👦 유아 1: 지금 3D 프린터가 바닥에 장수풍뎅이 그림을 그리고 있는 것 같아요!

🧑‍🏫 교사: 처음엔 이렇게 원하는 모양을 바닥에 그리고, 그 위로 점점 필라멘트를 쌓아 올리면서 볼록한 입체 작품이 되는 거란다.

아이들은 인화한 곤충 모형에 공학용 전구를 달아 불빛이 나게 했다. 다양한 조형 작품에도 곤충 모형을 활용하였는데 앞서 만들었던 거미줄 조형물에 달기도 하고, 벽걸이 소품으로 재탄생시키기도 했다.

🌷 플립러닝
거미의 습성
거미의 먹이와 천적 및 생태계의 먹이사슬
방사형 거미줄과 도형의 분할과 합

🌷 teachabe moment
거미의 먹이와 천적 및 생태계의 먹이사슬
다양한 곤충의 생김새
자연물의 재료 탐색과 표현하고자 하는 대상의 추상화 및 상징화

🌷 확장 활동
3D 프린팅 기술을 활용한 곤충 모형 인화
3D 프린팅의 원리
점, 선, 면, 입체의 차원 개념

04 공학 부품으로 만든 곤충 로봇

<교사 주도>

> 유아 1: 3D 프린터가 움직이는 게 꼭 로봇이 움직이는 것 같아요. 로봇(3D 프린터를 의미)이 로봇(실제 로봇을 의미)을 만들 수도 있을까요?
>
> 유아 2: 로봇은 움직이거나 또 소리가 나거나…. 아니면 불빛이 나거나 뱅글뱅글 돌기도 하고 빨리 달릴 수도 있어야 해요. 장난감 로봇처럼요.
>
> 교사: 그럼 우리가 이번에는 곤충 로봇을 한번 만들어 보면 어떨까?
>
> 유아 1: 우리가 어떻게 로봇을 만들어요?
>
> 교사: 너희들 말대로 소리를 내거나 불빛이 켜지거나 아니면 프로펠러가 돌아가는 곤충을 만들면 로봇이지 않을까? 기계 부품들을 이용해서 그렇게 만들면 되지.

　3D 프린터 기술을 접한 아이들은 3D 프린터 기계의 움직임을 보며 이를 '로봇'이라 일컬었다. 그리고 곤충의 형상을 한 로봇을 만드는 데에 큰 관심을 보였다. 교사는 이를 보고 다양한 공학 부품을 활용하여 프로펠러가 돌아가거나 진동과 같은 움직임을 보이거나 혹은 전구에 불이 켜지는 등의 간단한 곤충 로봇 만들기를 떠올렸다. 이를 구현하기 위해 아이들은 먼저 전지 및 전류의 원리를 파악하고 모터, 전구, 전선, 센서, 스위치, 소켓 등의 공학 부품을 다뤄 보기로 했다.

본격적으로 곤충 로봇을 만들기 위해 아이들은 먼저 다양한 미술 콜라주 재료와 자연물, 공학 부품 등을 활용해서 곤충의 형태를 표현해 보았다. 아이들은 각각의 재료가 가진 고유한 성질을 곤충의 특성과 연관 지어 상징화시켰다. 예를 들어 곤충의 더듬이나 뿔은 뾰족한 나사나 철사, 뿔소라 등을 활용해서 표현했다.

교사는 아이들의 연령에 따라 각기 다른 매체를 제공했는데, 만 3~4세의 유아들은 곤충의 단면 사진을 제공해서 평면화된 대상의 생김새를 단순화시키는 데 주력하도록 하였다. 반면 학령 전 혹은 학령기 아이들에게는 입체 형태의 실체 곤충 표본을 제공해서 아이들이 곤충 로봇의 전체적인 입체 구상도를 그려 볼 수 있도록 하였다. 몇몇 아이들은 곤충의 생김새뿐만 아니라 실제 크기를 재현하기 위해서 몸통 및 다리의 길이나 개수 등을 측정하여 전선과 같은 표현 재료를 절단하고 가공하기도 했다. 이런 경험을 통해 아이들은 예술적 표현과 더불어 수학적 측정과 과학적 탐구를 동반하는 과정까지 나아갈 수 있었다.

아이들이 만든 곤충 로봇은 그 자체로 다른 예술 활동의 주재료로 활용할 수도 있었다. 이후 교사는 곤충 로봇과 자연물을 함께 사용해서 아이들의 예술 작품 제작 활동으로 연계해 내기도 했다.

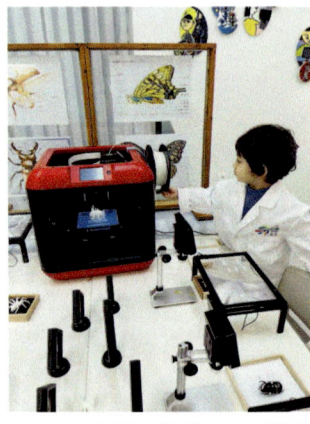  

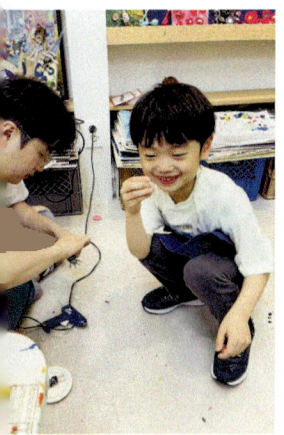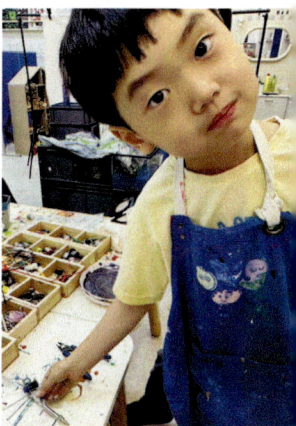

🌷 플립러닝

다양한 공학 부품의 원리와 역할

모터, 전구, 전선 등의 기능

전류 및 공학적 설계

🌷 teachable moment

곤충의 머리, 가슴, 배 구조 및 생김새

곤충의 특징과 다양한 재료의 물리적 속성

길이, 부피, 너비 등과 관련된 수학적 측정

🌷 확장 활동

공학 부품의 활용 및 그 결과물을 통한 조형 활동

05 자연물로 쌓아 올린 곤충 아파트

<유아 주도>

> 교사: 우리가 그동안 곤충을 탐구하는 활동을 많이 했잖아. 그래서 곤충을 주제로 한 그림이나 조형 작품을 건물 옥상에 설치하면 어떨까 싶은데. 너희들 생각은 어때?
>
> 유아 1: 선생님, 밧줄로 거미줄을 만들어서 우리도 앉아서 쉬거나 하는 건 어떨까요?
>
> 유아 2: 거미는 곤충이 아니잖아? 다리가 8개고 몸이 머리, 가슴, 배로 나뉘지 않으니까. 거미는 절지동물이야.
>
> 유아 1: 그러면 개미집?
>
> 교사: 자연물을 이용해서 곤충들의 집을 만들고 곤충 조각상을 만드는 건 어때? 벌집이나 개미집도 좋고.
>
> 유아 3: 아, 선생님. 여러 가지 곤충들이 진짜로 와서 쉴 수 있도록 하는 곤충 아파트를 짓는 건 어떨까요?
>
> 교사: 좋은 생각이다. 재료는 어떤 것들이 좋을까?
>
> 유아 4: 곤충들이 좋아하는 나뭇잎, 나뭇가지, 돌, 흙 이런 것들이요.

교사는 곤충과 관련된 일련의 탐구 활동을 선행한 후 아이들과 함께 옥외 공간에 조성할 첫 번째 설치물의 주제를 곤충으로 잡았다. 그리고 교사와 아이들은 다음과 같은 전제 조건을 설정하고 조형물을 조성했다.

(1) 다양한 곤충들이 함께 공존할 수 있도록 여러 가지 곤충 서식지의 모습을 반영하도록 한다.

(2) 다양한 자연물을 활용해서 조형물을 제작하도록 한다.

우리는 다양한 사람들이 공존하는 주거 형태인 '아파트'에 다양한 곤충이 함께 서식하는 자연의 모습을 반영해 조형물을 제작하기로 했다. 교사는 판 형태의 목재를 이용해서 집 모양 틀을 제작하고 가로세로 구획을 나누는 선반을 끼워 넣었다. 그리고 숯, 자갈, 솔방울, 돌, 흙, 옹기토, 나뭇가지, 목재, 나뭇잎, 꽃을 의미하는 조화 등의 자연물을 함께 제공해 주었다.

아이들은 다양한 자연물의 각기 다른 형태, 크기, 무게 등을 고려해 선반에 차곡차곡 비치하기 시작했다. 그리고 꿀을 먹는 나비를 유혹하기 위한 꽃, 나무껍질에 붙는 곤충들을 위한 나무 조각 등 다양한 곤충의 습성을 떠올리면서 재료를 활용했다. 또한 실제로도 곤충들이 찾아오면 나뭇잎에서 쉴 수 있도록 담쟁이넝쿨 화분을 곤충 쉼터 한편에 넣어 기르기로 했다. 또한 옹기토에 나뭇가지나 돌조각을 꽂아서 아파트 난간과 울타리를 형상화하는 등 원하는 형태를 원하는 방식으로 자유롭게 재현해 나갔다. 아이들은 재료 간의 무게중심과 균형을 맞추고, 한정된 공간을 어떻게 구성할지에 대해 토

론하면서 협업해 나갔다. 그리고 이렇게 만들어진 곤충 아파트는 옥외 공간에 비치되어 다양한 곤충들의 쉼터로 자리 잡게 되었다.

🌷 플립러닝

다양한 곤충의 서식지

자연물의 속성

🌷 teachable moment

길이, 부피, 무게 등의 특성

곤충의 습성과 서식지의 개념

🌷 확장 활동

야외 공간으로의 이전 설치

02 자연에서 온 색깔 카펫

교사가 제시한 염색 활동 이후 '색깔'을 주제로 한 유아 흥미 중심의 놀이 및 일련의 탐구 활동을 서술하고, 이와 연계하여 옥외 공간에 조성된 '카펫' 제작 사례를 소개합니다.

놀이 흐름 속 주제 관련
탐구 활동 연계 및 옥외 공간 조성 사례

- 01 -
광목천 색칠 놀이와
염색 놀이

- 02 -
아주 커다란 천

- 03 -
빨래 놀이와
수조 꾸미기

- 04 -
카펫에
자연물 도장 찍기

01 광목천 색칠 놀이와 염색 놀이

<교사 주도>

- 교사: 우리 같이 손수건을 예쁘게 물들여서 교실이나 쉼터에 가랜드처럼 장식해 주려 하는데, 어떤 방법으로 색을 칠하면 좋을까?
- 유아 1: 물감으로 예쁘게 칠해요.
- 교사: 물감으로 칠하면 비가 올 때 수채화 물감이 물에 녹아서 떨어질 것 같은데?
- 유아 1: 선생님, 물에 안 녹는 기름 물감이나 아크릴 물감으로 칠하면 비가 와도 괜찮아요.
- 교사: 그럴까? 그럼 우리 아크릴 물감을 이용해서 먼저 천을 예쁘게 색칠해 보자.

교사는 아이들과 치자, 소목 등과 같은 천연 염색 재료를 이용해서 손수건을 물들이려 했다. 하지만 그 전에 아이들에게 먼저 어떤 방식으로 손수건을 색칠할 수 있는지를 물었다. 아이들은 가장 보편적인 방법인 물감으로 손수건을 색칠하고 싶어 했다. 그리고 수용성과 지용성의 개념을 알고 있던 아이들은 손수건의 색이 날씨 등의 외부 환경적인 요인으로 인해 영구히 변색되지 않도록 적합한 물감을 선정해 냈다. 교사는 아이들에게 원하는 재료로 자유롭게 표현할 기회를 제공했고 아이들은 그림을 그리거나 구획 나누어 칠하기, 번지듯 물들이기, 패턴 만들기 등의 방법으로 손수건을 채색했다.

> 🧑‍🏫 교사: 그런데 물감 외에 꽃잎이나 열매 같은 자연물을 이용해서 손수건을 염색하는 방법도 있어. 이 방법은 친환경적으로 손수건을 물들일 수 있지.
> 👦 유아 1: 비가 오거나 해도 지워지지 않나요?
> 👦 유아 2: 꽃잎을 돌로 빻으면 색깔이 나와요. 놀이터에서 해 본 적이 있어요.
> 🧑‍🏫 교사: 그래. 나뭇잎이나 꽃잎, 열매 같은 자연물을 힘을 줘서 으깨거나 빻아서 색을 추출하는 방법도 있어. 이건 물체의 모양을 변형시키는 힘을 이용해서 하는 방법이야. 그런데 물과 섞어 뜨겁게 열을 가해 색을 우려내는 방법도 있어. 이렇게 추출한 물감에 손수건을 담갔다 빼면 염색이 되는 거지.

이후 교사는 준비했던 자연물을 제공하여 아이들에게 천연 염색의 원리와 방식을 설명했다. 아이들은 치자, 소목 등의 자연물에 열을 가하여 화학적 변화를 일으킨 뒤 색을 추출해 내면, 천이나 종이 따위의 대상을 염색시킬 수 있음을 이해했다. 그리고 다양한 자연물을 가열해 보고 물의 색이 변하는 것을 눈으로 확인하면서 천연 염색 과정에 참여했다. 자연물의 외적인 생김새를 탐색해 보는 등 관찰하는 일도 잊지 않았다. 천연 염색 놀이는 물질의 물리적 혹은 화학적 상태 변화와 가열의 원리, 자연물의 속성 등을 탐구할 수 있다는 점에서 꽤나 매혹적인 융합 예술 놀이였다. 증발접시, 알코올램프, 비커 등의 과학적 집기류를 동반하기에도 좋았다.

교사는 아이들과 손수건을 염색하여 옥외 공간이나 교실 및 다양한 조형물의 장식으로 활용하기도 했고, 아이들의 그림 재료로 재사용하기도 했다. 이렇게 염색한 천은 아이들이 하는 예술 활동의 콜라주 재료로 활용되었다.

 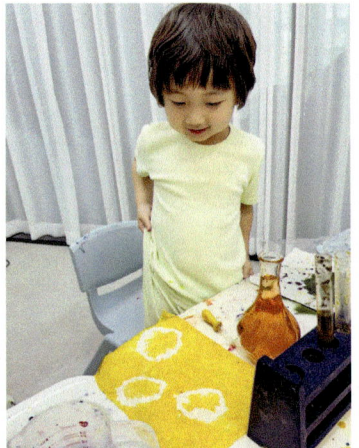 

🌷 플립러닝

물체의 상태 변화

수용성, 지용성 물질

🌷 teachable moment

물질의 상태 변화 및 화학적 속성

과학 도구 및 기기의 활용과 원리

자연물의 속성

🌷 확장 활동

염색 놀이와 연계한 콜라주 활동

02 아주 커다란 천

<교사 주도>

> 🧑‍🦰 교사: 천을 염색해서 색을 입히니 재미있는 작업이 되었지? 이번에는 아주 큰 천을 염색해 보자. 이렇게 큰 천을 염색하기 위해서는 그림을 그리거나, 물감을 뿌리는 방법도 생각해 볼 수 있을 거야.
>
> 🧒 유아 1: 물감을 어떻게 뿌려요?
>
> 🧑‍🦰 교사: 물총이나 분무기에 물감을 넣어 뿌려도 되지. 대신에 물감을 물에 잘 녹여야 할 거야. 물감은 진득진득한 점성이 있으니까.

　교사는 염색 놀이용 천으로 대형 사이즈의 광목천을 제공해 주었다. 아이들은 교사와 함께 물에 물감을 희석해 염색용 색소를 제조했다. 물감과 물의 비율에 따라 농도가 변하는 것을 확인하면서 액체의 상태와 관련된 과학적 탐구를 즉석에서 진행할 수도 있었다.

　교사는 아이들에게 분무기, 주방용 소스 용기 등을 제공하여 물감을 효율적으로 뿌릴 수 있도록 하였다. 아이들은 분사되는 방식에 따라 물감 자국이 다르게 나는 것을 확인했다. 연령이 어린 아이들은 물감을 어느 한 지점에 중점적으로 발사하여 액체가 고이고 퍼지는 현상을 놀이처럼 즐기는 경향을 보이기도 했다. 아이들은 물감이 위에서부터 아래로 흘러내린 자국을 보며 '비가 내리는 것 같다'고 표현했고, 분무기로 분사한 물감이 번지는 자국을 보면서는 '불꽃놀이 혹은 꽃 같다'고 이야기했다.

분무기나 소스 용기 등으로 물감 놀이를 즐겨 본 아이들은 일반적으로 사용하는 미술 도구인 붓이 아닌, 또 다른 매체로의 확장 욕구를 느꼈다. 그래서 교사는 이후에 확장 활동으로 페인트용 롤러나 스펀지 등과 같은 도구를 제공해 주기도 하고, 더 나아가서는 진자운동을 이용한 중력 장치를 고안해 냈다. 예컨대 책상다리나 옷걸이에 물감통과 깔때기를 끈으로 연결하고 물감을 떨어뜨리는 방식이었다. 아이들은 진자운동을 하며 궤도를 그리는 물감 자국에 큰 흥미를 느꼈으며 우연적 기법으로 창조되는 특이한 예술 형상들을 감상하기도 했다.

🌷 **플립러닝**

물체의 상태 변화

수용성, 지용성 물질

🌷 **teachable moment**

액체의 농도

예술적 도구 및 기법의 활용

🌷 **확장 활동**

진자운동과 연계한 물감 놀이

03 빨래 놀이와 수조 꾸미기

<유아 발현>

> 유아 1: 선생님, 천을 염색할 때에 아예 물감에 천을 담가서 빨래하듯이 놀이하면 좋을 것 같아요.
>
> 유아 2: 빨래할 때 주물주물 하는 것처럼 주무르면 천이 더 잘 염색될 것 같아요.
>
> 교사: 그러려면 천을 담글 수 있는 통이 필요할 텐데. 너희는 작은 천을 빨고 싶니, 아니면 큰 천을 빨고 싶니?
>
> 유아 1: 큰 천이요! 이렇게 큰 천을 빨래하는 게 훨씬 재미있을 것 같아요!
>
> 교사: 그럼 아주 큰 대야가 필요할 것 같아. 양동이도 좋고.
>
> 유아 3: 아주 큰 통을 연못처럼 꾸미면 어떨까요? 바다도 좋고요. 그럼 진짜 재미있을 것 같아요. 물고기 장난감도 넣고…. 물 색깔은 파란색이 좋을 것 같아요.

아이들은 다양한 방식으로 천을 염색한 뒤에 빨래 놀이라는 새로운 놀이를 고안해 냈다. 그리고 자발적으로 빨래하는 곳을 '바다'나 '연못'으로 구현해 내서 새로운 역할 놀이를 접목시키길 제안했다. 그래서 교사는 아이들이 원하는 방식으로 놀이를 전개해 나갈 수 있도록 '거북이 사육 상자'라는 도구를 구비해 주었다. 이 사육 상자는 적당한 깊이와 너비를 지녀 여러 명의 아이들이 일정 깊이 이상의 수심을 이용해 빨래 놀이를 하기에 적합했다. 수도꼭지를 이용해 물을 틀어막거나 흐르게 하는 조절도 가능했다.

아이들은 먼저 수조에 물을 붓고, 수초 및 산호초 모형과 바다 생물 모형을 채워 넣어 역할놀이를 즐겨 보았다. 교사는 이때 연계 활동으로 아이들에게 내어주려 했던 부레옥잠을 미리 노출시켜 수생 식물에 대한 탐구를 자연스럽게 유도하기도 했다. 아이들은 물에 떠 있는 부레옥잠의 형태와 생김새에 큰 관심을 보였고 손으로 만져 보기도 했다.

이후 아이들은 사육 상자에 든 물에 원하는 색의 물감을 희석해 천 염색 작업에 들어갔다. 아이들은 '바닷물에 천이 빠져서 바다 색깔로 물들고 있다'며 좋아했다. 또 어떤 아이는 아예 천을 '파도'라 지칭하며, 천의 움직임을 보고 바다가 출렁이고 있다는 상징을 부여하기도 했다. 크기가 큰 천을 함께 주물럭거리는 과정에서는 서로 부딪히지 않게 한정된 공간을 공유하고, 물길을 터 주는 등 아이들은 다양한 협업의 과정을 경험할 수 있었다.

연령이 높은 아이들은 보다 주도적으로 놀이 및 염색 활동을 전개해 나갔다. 예컨대 아이들은 거북이 사육 상자 위에 다른 수조를 얹어 수생 식물을 옮긴 뒤, 바다와 연못을 분리시키고 수조에 호스를 끼워 폭포를 만들기도 했다. 천을 염색할 색깔로도 파란색 외에 연두색을 가져와서 수생 식물을 의미하는 색이라며 추가했다. 아이들은 소스 용기에서 물감을 짜는 방식에서 더 나아갔다. 깔때기로 다량의 물감 물을 통과시켜 더 두꺼운 자국을 만드는 실험을 하기도 했고, 수조 속 물이 호스를 통과할 때와 호스 없이 구멍으로 빠져나올 때의 물줄기의 차이를 비교 관찰하기도 했다.

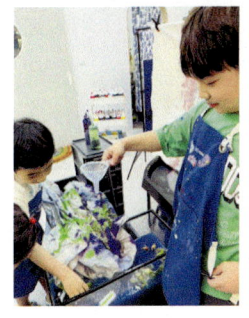   

이후 아이들은 교사의 주도하에 부레옥잠 관찰 활동으로 탐구를 이어 갔다. 아이들은 부레옥잠의 잎자루가 왜 공 모양으로 부풀어 있는지를 이해해 보고 부레옥잠의 단면을 절개하여 공기주머니를 살펴보았다. 아이들은 잎자루를 눌러 공기를 빼내는 과정에서 어떤 소리가 나는지를 귀로 확인해 보기도 했다. 그리고 부레옥잠이 어떻게 물 위에 뜰 수 있는지를 연계해서 고민해 보았다. 연령이 낮은 아이들은 부레옥잠의 외형 및 내부 생김새를 관찰하는 데 주안점을 두었는데, 수염같이 생긴 잔뿌리와 잎의 모양 및 개수, 색깔 등을 탐색해 보았다. 특히 현미경을 통한 관찰은 대상의 특성을 확대해 강조시킬 수 있다는 점에서 그 자체로 아이들에게 시각적인 자극이 되어 주었다.

🌷 플립러닝

수생 식물과 산호초
바다 및 연못, 호수의 구분

🌷 teachable moment

동식물의 분류
예술적 도구 및 기법의 활용
중력과 물의 움직임

🌷 확장 활동

부레옥잠 관찰 놀이

04 카펫에 자연물 도장 찍기

<교사 주도>

> 🧑‍🏫 **교사**: 우리가 물들인 천에 그림을 추가하면 어떨까? 원하는 모양을 그려도 되고, 도장처럼 찍어 내도 좋을 것 같아.
> 👦 **유아 1**: 천이 너무 커서 엄청 크게 그려야 할 것 같아요.
> 👦 **유아 2**: 큰 도장도 필요할 것 같아요.
> 🧑‍🏫 **교사**: 선생님이 아주 큰 연잎을 준비했어. 연잎이 얼마나 큰지 알아?
> 👦 **유아 3**: 우와, 진짜 엄청 크잖아!

교사는 아이들이 다양한 활동을 통해 물들인 대형 천을 야외 카펫으로 활용하기로 했다. 그래서 다른 그림이나 도형, 패턴 등을 삽입해 천을 디자인하는 작업을 계획했다. 교사는 꽃과 곤충, 나뭇잎 등의 자연적인 요소들을 그려 넣고자 나뭇잎에 물감을 칠해 찍어 낼 것을 아이들에게 제안했다. 그리고 대형 천의 크기에 맞게 커다란 연잎을 준비해 주었다. 아이들은 평소에 보지 못했던 크기의 잎을 보며 큰 흥미를 보였다. 롤러나 페인트 붓, 손바닥 등을 이용해 연잎에 물감을 바르는 과정은 그 자체만으로도 아이들에게 이색적인 활동이 되었다. 또한 연잎의 잎맥이 그대로 드러났기에 아이들로 하여금 잎맥의 구조와 역할 등에 대한 과학적 탐구로의 자연스러운 전이를 가능케 하기도 했다.

 연잎에 물감을 묻혀 형태를 찍어 내는 방식 외에 무언가를 자유롭게 표현하도록 독려하는 것은 꽤나 창의적인 활동이었다. 왜냐하면 아이들이 교사도 생각하지 못한 방식들을 고안해 내며 다양하게 물감 놀이를 재창조했기 때문이다. 예컨대, 물감이 담긴 컵을 뒤집어엎어 물감 자국을 만들어 내거나 발바닥에 물감을 발라 발자국을 찍어 내기도 했다. 이런 방식들은 교사의 개입 없이 아이들이 스스로 생각하고 의도한 것이었다.

　무언가 형태를 그리는 데 있어서도 각기 다른 표현이 돋보였다. 어떤 아이는 한 가지 색깔을 이용해 특정 부분을 채색하고 그 위에 다른 색으로 그림을 그려 넣기도 했고, 또 다른 아이는 같은 그림을 반복해서 그려 넣어 패턴을 나타내기도 했다. 또한 곤충이나 자연물 등의 대상을 상징화하여 표상하거나, 옆 사람과 연계하여 그림을 그리고(나비와 꽃, 곤충과 나무 등의 연계적 표현) 협동하는 모습을 보이기도 했다. 이렇게 만들어진 카펫은 야외 공간에서 아이들이 쉬어 갈 수 있는 쉼터가 되어 주었다.

🌷 **플립러닝**

물감과 그리기 도구의 활용 방식

🌷 **teachable moment**

예술적 기법과 색채

자연물의 생김새와 생명 과학적 탐구

🌷 **확장 활동**

야외 공간에서의 바깥 놀이 활동

03
옥상에 만든 인디언 텐트, 오두막

교사가 제시한 자연물 관찰 활동 이후 '자연물'을 주제로 한 유아 흥미 중심의 놀이 및 일련의 탐구 활동을 서술하고, 이와 연계하여 옥외 공간에 조성된 '인디언 텐트, 오두막' 제작 사례를 소개합니다.

놀이 흐름 속 주제 관련 탐구
활동 연계 및 옥외 공간 조성 사례

- 01 -
다양한 자연물을
탐구하고 관찰해요

- 02 -
물에 뜨는 것과
가라앉는 것

- 03 -
자연물을 이용한
무게 비교와
균형 놀이

- 04 -
나뭇가지로 만든
인디언 텐트

01 다양한 자연물을 탐구하고 관찰해요

<교사 주도>

> 교사: 너희들은 흙이나 돌, 나뭇잎같이 자연에서 구할 수 있는 재료들을 갖고 놀이해 본 적이 있니?
> 유아 1: 저는 길에서 모양이 예쁜 돌을 줍는 것을 좋아해요. 동글동글한 돌이 좋아요. 돌을 물에 씻고 놀고, 던지기도 해요.
> 유아 2: 저는 열매랑 나뭇잎 주워서 소꿉놀이하는 게 제일 좋아요.
> 교사: 우리가 쉽게 볼 수 있는 꽃, 열매, 돌, 나뭇잎 외에 바닷가에서 주울 수 있는 조개껍질이나 숲에 떨어져 있는 깃털 같은 것들도 모두 자연물이야. 그런 자연물을 자세히 본 적 있니?
> 유아 3: 바닷가에 놀러 갔을 때 조개껍질 주워 본 적 있죠!

교사는 아이들이 자연물로 떠올릴 수 있는 것들을 확인해 보았다. 아이들이 생각해 내는 자연물로는 돌, 나뭇가지, 솔방울, 꽃과 나뭇잎, 열매 등 일상에서 볼 수 있는 것들로 국한되어 있었다. 교사는 아이들에게 단순한 일상에서 나아가 조금 더 거시적인 경험 체계인 여행 혹은 매체를 통한 기억을 떠올리도록 하였다.

이후 교사는 아이들에게 최대한 다양한 자연물을 제공하기 위해 자연물의 범주를 구체적으로 세분화하는 작업을 선행했다. 예를 들어, 흙의 범주 안에 황토, 흙, 배양토, 모래 등을 넣었다. 돌의 범주로는 자갈과 모양 및 크기가 다른 돌을 준비했다. 조개껍질 역시 모양과 색, 형태 등이 다른 조개껍질과 소라를 제공해 주었다. 꽃이나 열매의 범주 내에서도 목화꽃, 연밥 등과 같이 아이들이 평소에 접하지 못했던 것들을 비치해 주었다. 또한 콩과 쌀 등의 곡식과 여러 종류의 광물도 자연물의 일종으로 소개해 주었다.

　아이들은 오감을 활용하여 자연물을 탐색하는 데 집중했다. 직접 보고 만지며 느끼고, 특정한 냄새를 맡거나 두드리고 흔드는 행위를 하고, 소리를 내 보기도 했다. 신체적 감각을 활용하여 탐구해 본 뒤에는 현미경을 이용해서 관찰해 보도록 했다. 현미경을 이용해서 대상을 크게 확대해 보는 관찰 경험은 아이들로 하여금 탐구 대상에 대한 새로운 발견을 가능케 했다. 예컨대 아이들은 현미경으로 모래, 자갈, 흙의 입자 크기를 이해하고, 이를 밀도의 개념과 연관 지어 생각해 볼 수 있었다. 또한 꽃잎의 결, 나뭇잎의 잎맥, 암술과 수술의 형태 및 꽃가루 등을 자세히 관찰해 보면서 생명과학적 지식을 연관 지어 학습하기도 했다.

　이 외에도 투명 유리창과 같은 말펜스터 뒤에 자연물을 비치하고, 반대편에서 대상을 따라 그리거나 물감으로 색깔을 칠해 보면서 예술적 놀이와 자연물의 탐색을 동시에 진행시켜 보았다. 이후 확장 활동으로 아이들은 자신이 관찰한 자연물의 모습을 그려 보거나, 혹은 자연물을 콜라주 재료로 활용해 미술 작품을 제작해 보기도 했다.

🌷 플립러닝

자연물의 정의 및 종류

🌷 teachable moment

과학 집기의 사용법과 실제 활용

자연물의 생김새와 생명과학적 탐구(꽃의 구조와 암술과 수술, 나뭇잎과 잎맥의 역할)

자연물의 생김새와 물리과학적 탐구(입자 크기와 부피 및 밀도)

🌷 확장 활동

자연물을 활용한 예술 작품 제작

02 물에 뜨는 것과 가라앉는 것

<교사 주도 및 유아 발현>

> 교사: 자연물을 물에 넣어 보면 어떨까? 예를 들어 흙가루를 물에 넣으면 어떻게 될까?
>
> 유아 1: 흙탕물이 돼요. 그리고 물 색깔이 갈색으로 변해요.
>
> 교사: 흙이 물에 녹은 걸까? 흙탕물 아래에 가라앉은 건 무엇일까? 그러면 가루가 아닌 돌이나 열매 같은 덩어리들을 넣으면 어떻게 될까?
>
> 유아 2: 무거운 건 가라앉고 가벼운 건 둥둥 떠요.
>
> 교사: 어떤 자연물이 가벼울 것 같아?
>
> 유아 1: 깃털이요! 그리고 나뭇잎이요. 나뭇잎으로 배도 만들어 띄울 수 있어요.

교사는 아이들이 자연물을 탐색하고 관찰하는 과정에서 다양한 과학적 탐구가 가능하다는 것을 파악했다. 그래서 조금 더 과학적인 활동을 탐색 놀이에 녹여 보기로 했다. 시험관 형태의 투명한 유리병에 물을 담고 자연물을 넣어 보면서 가라앉는 것과 뜨는 것을 분류해 보도록 한 것이다. 어린아이들은 형태가 있는 것은 가라앉고 가루 상태의 것은 물에 녹거나 위에 뜬다고 정의 내리기도 했다. 아이들이 범한 인지적 오류는 실시간으로 직접 물에 물체를 넣어 보면서 정정되었다.

 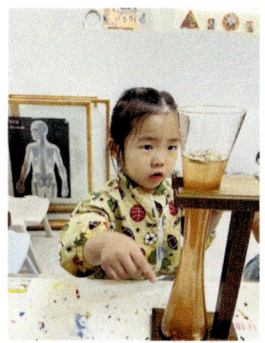 

　아이들은 여러 가지 자연물을 물에 넣어 보면서 안에 공기가 들어 있거나 혹은 부력을 지닌 물체는 물에 뜬다는 사실을 이해했다. 그리고 분자의 밀도가 높은 고체는 물에 가라앉는다는 것을 확인했다. 또한, 흙탕물을 만들어 보면서 황토 가루의 일부는 물에 녹고, 일부는 섞이지 않고 아래로 가라앉는 것을 관찰했다. 그리고 이를 통해 혼합물의 농도에 대해서도 생각해 볼 수 있었다.

　이후 교사는 조금 더 넓은 수조를 제공했다. 아이들은 자갈과 돌을 수조 아래에 깔았다. 그런 다음 물을 주입하면서 물에 가라앉는 자연물의 종류를 떠올리며 수조를 구성했다. 그리고 물고기 모형을 넣어 역할놀이로 놀이를 확장시켰다. 교사는 아이들에게 황토 가루에 물을 희석하면서 원하는 농도의 진흙을 제작하도록 하였다. 아이는 가루가 일정량 이상의 비율이 되면 흙탕물보다 되직한 형태의 진흙이 된다는 사실을 인지하고, 진흙을 만들어 다양한 가작화 놀이를 진행할 수 있었다.

🌷 플립러닝

부력의 개념

일상생활 속 밀도와 농도 개념

🌷 teachable moment

물체의 무게와 밀도

물체의 부력

혼합물의 농도

🌷 확장 활동

자연물을 활용한 역할놀이 및 오감 놀이

03 자연물을 이용한 무게 비교와 균형 놀이

<교사 주도>

> 👩 교사: 너희들 시소를 타 본 적 있니? 시소를 타면 무거운 사람은 어떻게 되지?
>
> 👦 유아 1: 아래로 내려가요! 아빠랑 타면 저는 위로 붕 떠요.
>
> 👩 교사: 그래. 저울은 시소 같은 거야. 서로 다른 물건을 양쪽에 내려놓고 무게를 비교해 주는 거지. 그래서 시소처럼 둘 중에 더 무거운 물건은 아래로 내려가는 거야.
>
> 👦 유아 2: 선생님, 그런데 자연물 무게는 왜 비교하는 거예요?
>
> 👩 교사: 우리가 자연물의 생김새를 관찰해 보거나 물에 띄워 보기는 했지만, 무게를 측정해 본 적은 없잖아. 그러니 이렇게 다른 방법으로도 놀아 보는 거야. 그리고 무게를 비교해 보면서 양쪽의 균형이 맞도록 자연물을 배치해서 모빌을 만들어 보려 해.

교사는 아이들에게 자연물을 탐색하는 방식으로 관찰과 측정이라는 과학적 탐구 기술을 활용해 보도록 유도했다. 이는 자연물을 이용한 영유아들의 놀이가 대부분 오감 및 예술 놀이에 국한되어 있는 것에서 교사가 주도적인 개입을 시도한 것이었다. 아이들은 자연물을 물에 넣어 보는 과정을 통해 물체의 부력의 개념을 이해했고, 이와 더불어서 물체의 무게를 비교·측정해 보는 과정을 진행해 보기로 했다. 교사와 함께 저울의 사용법을 숙지하는 단계부터 시작했는데, 영점을 맞추고 상이한 두 물체를 올려놓은 뒤 비교해 보았다. 또한 한쪽에 측정하고자 하는 물체를 올리고 다른 한쪽에는 추를 올려놓아 정확한 무게의 수치를 파악하는 과정도 함께했다. 이를 통해 아이들은 수학·과학적 탐구와 자연물 탐색을 함께 진행할 수 있었다.

　물체의 무게를 비교하기 위해서 비교 대상의 개수를 통일했다. 그런 다음 어떤 것이 더 무겁고, 어떤 것이 더 가벼운지를 파악해 보는 활동을 했다. 이후에는 보다 고차원적인 비교를 진행해 보았다. 즉, 저울 양쪽의 균형을 맞추기 위해서 서로 다른 물체의 무게가 일정 수준의 무게로 도달할 때까지 양적 측정을 시도해 보는 것이었다.

　예를 들어서, 한쪽 저울에 솔방울 2개를 올려놓았다면, 반대편 저울에 작은 나뭇가지를 12개까지 올려놓아 양쪽의 균형을 맞춰 보는 작업이었다. 이러한 과정은 아이들로 하여금 물체의 무게를 비교·측정하는 과정에서 나아가 수학적 탐구, 즉 사칙연산의 기초 개념을 실생활에서 활용해 보도록 할 수 있었다.

이후 아이들은 다양한 자연물의 무게 균형을 맞추어서 모빌을 만드는 것으로 활동을 확장시켰다. 양팔저울로 물체의 무게를 동일하게 맞추었던 사전 활동 덕분에, 아이들은 각기 다른 자연물을 양쪽에 어떻게 비치해야 모빌이 완성될지를 예측하며 작업할 수 있었다. 교사는 자연물 외에도 해양쓰레기를 가공한 유리 및 타일 조각을 함께 제공하여 장식할 수 있도록 했다. 이 과정에서 아이들은 환경오염으로 인해 발생하는 문제를 생각해 볼 수 있었다. 그리고 자연물의 미적 요소를 감상하고 이를 예술 활동으로 승화하였다.

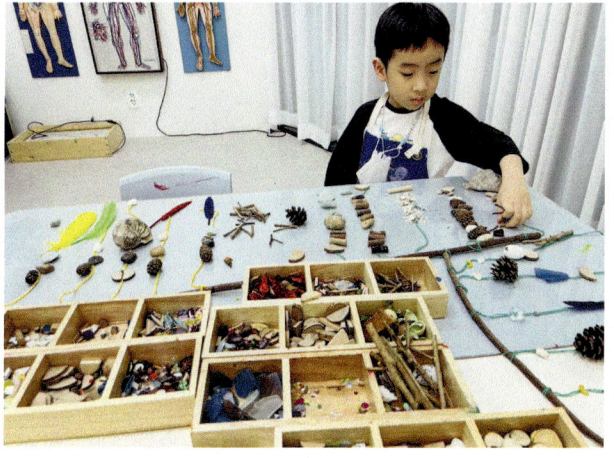

🌷 **플립러닝**

무게중심과 균형

🌷 **teachable moment**

물체의 무게 측정
서로 다른 물체의 무게 비교
수학적 사칙연산

🌷 **확장 활동**

자연물을 활용한 모빌 제작

04 나뭇가지로 만든 인디언 텐트

<교사 주도>

> 교사: 너희들 텐트에서 자 본 적이 있니?
> 유아 1: 캠핑 가서 자 본 적 있어요.
> 유아 2: 키즈 카페에 인디언 텐트가 있어서 거기서 놀이했어요.
> 유아 3: 우리 집에도 인형 텐트 있어요.
> 교사: 그렇구나. 그러면 우리 한번 나뭇가지와 털실을 이용해서 텐트를 만들어 보는 건 어떨까? 이전에는 자연물의 균형을 맞춰 보았으니 이번에는 입체적으로 무게중심을 맞춰 집을 지어 보는 거야.

자연물을 이용해 무게중심과 균형을 맞춰 본 이후 교사는 아이들에게 나뭇가지를 이용해 움막 형태의 인디언 텐트를 만들어 볼 것을 권유했다. 보다 입체적인 형태의 건축물을 균형을 이뤄 설계해 볼 것을 계획한 것이다. 교사는 이를 위해 1m 남짓의 긴 나무 막대와 털실을 준비했다. 아이들은 얇은 나뭇가지가 휘청이는 것을 방지하기 위해 2개씩 묶어 두께를 조절하고, 여러 개의 나뭇가지를 상단 부분만 엮어 기둥처럼 펼쳐 세웠다. 그러고 나서 바닥면이 오각형의 형태를 이루도록 나뭇가지를 고정시켰다.

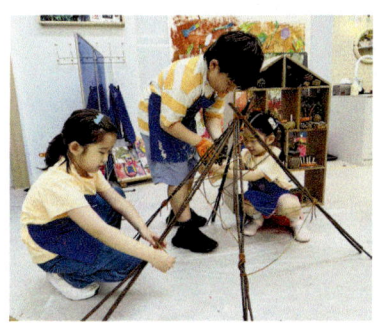 

　기둥 역할을 하는 각각의 나뭇가지는 털실로 엮어 서로 무게를 지탱할 수 있도록 고안했다. 아이들은 이 과정에서 힘점과 받침점, 작용점과 관련된 무게 원리를 체감할 수 있었다. 또한, 매듭을 묶고 푸는 등의 일상 속 자조 기술과 공동의 목적을 달성하기 위한 협업의 소통 능력 또한 계발할 수 있는 활동이었다. 이 외에도 아이들은 넝쿨 식물을 나뭇가지에 감거나 자신들이 만든 자연물 모빌을 함께 활용하는 등 주도적으로 인디언 텐트를 제작했다. 이렇게 만들어진 인디언 텐트 역시 훗날 옥외 공간에 함께 비치되었다.

🌷 **플립러닝**

무게중심과 균형

다양한 가옥 형태

🌷 **teachable moment**

움막 제작 과정에서의 도구 활용

무게중심과 균형

🌷 **확장 활동**

야외 공간에서의 조형물 설치

04
자연으로 그린 그림, 우리만의 벽화

교사가 제시한 오감 예술 활동 이후, '다양한 감각 놀이'를 주제로 한 유아 흥미 중심의 놀이 및 일련의 탐구 활동을 서술하고, 이와 연계하여 옥외 공간에 조성된 '우리만의 벽화' 제작 사례를 소개합니다.

놀이 흐름 속 주제 관련 탐구
활동 연계 및 옥외 공간 조성 사례

- 01 -
재미있는
물감 놀이

- 02 -
자연의 모양

- 03 -
자연으로
그린 그림,
우리만의 벽화

01 재미있는 물감 놀이

<교사 주도 및 유아 발현>

> 교사: 선생님이 아주 큰 나무판을 준비했는데, 이걸 우리들이 멋지게 꾸며 벽화를 만들면 좋을 것 같아. 어떤 그림을 그릴까?
> 유아 1: 색칠하고 꽃도 그리고….
> 교사: 그러면 되겠구나. 그럼, 이렇게 큰 판을 어떻게 하면 재미있게 색칠할 수 있을까?
> 유아 2: 손으로 마구마구 바르고 문질러요.
> 유아 3: 엄청 큰 붓으로 칠해요.
> 교사: 여러 가지 도구와 너희들의 몸으로 멋진 색깔을 입혀 보자.

물감 놀이는 영유아 시기의 아이들이 가장 사랑하는 오감 놀이 중 하나이다. 무언가 프로젝트를 할 때, 오감 및 예술 놀이는 활동에 대한 아이들의 흥미와 동기를 유발하는 데에 가장 큰 기폭제가 되기도 하며, 주제 중심의 활동을 이끌어 나가는 원동력이 되기도 한다. 교사는 옥외 공간에 비치할 벽화를 제작하기 위해 대형 나무판자를 주문했고 다양한 오감 놀이를 통해 그림을 완성해 가고자 했다. 그 시작은 아이들이 가장 즐겨하는 물감 놀이였다. 교사는 아이들에게 페인팅용 롤러, 대형 붓, 스펀지, 찍기 도구 등 다양한 채색 도구를 제공해 주었다. 아이들은 저마다 흥미 있는 도구를 골라 활용했는데, 이내 곧 도구의 쓰임과 형태에 따라 다른 모양의 물감 자국이 생긴다는 것을 발견했다. 그리고 나서 아이들은 교사가 제안하지 않아도 스스로 저마다 도구를 바꿔 가며 여러 가지 채색 방식을 모두 시도해 보는 모습을 보였다. 또한, 두 가지 이상의 물감을 사용하면서 색의 혼합과 관련된 지식을 경험으로 터득하기도 했다.

물감을 이용해 오감을 느끼며 예술 활동을 즐기는 아이들도 있었다. 손과 발에 물감을 묻혀 손 도장이나 발 도장을 찍어 보며 저마다의 예술 활동에 몰입했다. 아이들은 물감이 피부에 닿는 감촉 자체를 신선하게 여겼고, 물감의 농도와 질감을 느끼면서 미술을 놀이로서 받아들였다.

> 🧑‍🏫 교사: 너희들이 붓과 롤러, 스펀지 등 여러 가지 도구로 물감 놀이를 하는 걸 보고 선생님이 재미있는 생각을 해 봤어. 나무판에 여러 가지 자연물을 붙이거나 물감으로 반죽을 만들어서 발라 보는 건 어떨까?

교사는 아이들이 물감 놀이를 다양한 방식으로 경험하길 원한다는 사실을 발견했다. 이에 물감의 농도와 질감을 다르게 변형해 보거나 여러 가지 콜라주 재료를 부착해 보는 사후 활동을 계획했다. 우선 물감에 핸디코트라는 석고 반죽을 섞어 아이들에게 제공하였다. 핸디코트는 건축용 석고 반죽을 의미하는데, 친환경적인 재료라 아이들의 촉감 놀이용으로 선호되는 재료이기도 하다. 한 가지 흥미로운 사실은 물감을 손에 묻히기 싫어했던 아이들도 자신에게 익숙한 '반죽' 혹은 '크림'이라는 말로 핸디코트의 질감을 표현하며 쉽게 접근하는 모습을 보였다는 것이다.

핸디코트는 점성을 갖고 있기에 완전히 건조되기 전에 여러 재료를 붙이면 함께 굳는 특성을 보인다. 이 때문에 별도로 목공 풀이나 본드를 사용하지 않더라도 다양한 콜라주 재료를 손쉽게 부착할 수 있다는 장점이 있다. 연령이 낮은 아이들에게 다각도의 예술 활동을 접하게 해 줄 수 있는 고마운 재료이다. 교사는 아이들에게 여러 가지 자연물을 제공했고 아이들은 핸디코트 위에 자연물을 배치해 보면서 콜라주 활동을 즐겼다.

 이때 교사는 형태와 크기를 갖춘 자연물 외에도 황토나 흙 등의 가루 형태의 자연물도 제공했다. 이는 아이들이 반죽이나 물감 위에 가루를 뿌리고, 번지는 자국을 만들 수 있도록 하기 위함이었다. 이 과정에서 아이들은 자리에서 일어나 다소 높은 위치에서 황토 가루를 뿌려 보고 공중에서 생기는 분진에 관심을 보이기도 했다.

마지막으로 교사는 황토 가루 역시 반죽으로 제작하여 베이킹 도구인 짜는 주머니에 넣어 주었다. 이렇게 제작된 황토 반죽은 물과 황토 가루, 목공용 본드를 혼합한 것이다. 아이들이 짠 형태 그대로 그림에 잘 부착되기를 의도했다. 또한 짜는 주머니 앞의 틀을 여러 형태로 바꿔 끼워 주면 아이들이 원하는 점과 선, 면 형태를 표현하는 데에 보다 유용하다.

🌱 플립러닝
물감 및 미술 도구에 대한 직간접적 경험

🌱 teachable moment
색의 혼합
채색 도구의 역할과 활용법
예술 활동 내에서의 심미적 감상

🌱 확장 활동
다양한 질감과 기법의 추구

02 자연의 모양

<교사 주도 및 유아 발현>

> 교사: 여러 가지 자연물을 이용해서 그림을 꾸며 보니 자연에도 여러 가지 모양과 색깔이 있는 것 같지 않니? 자연물을 이용한 미술 활동을 하기 전에 자연물을 좀 더 탐색해 보는 시간을 가져 볼까?
>
> 유아 1: 탐색이 뭐예요?
>
> 교사: 어떤 물건을 자세히 관찰해 보거나 감상해 보고 여러 가지 생각을 해 보는 거야. 너희들의 몸과 도구를 사용해 여러 가지 방법으로 살펴보는 거지. 음, 예를 들면 눈으로 보거나 손으로 만져 보고, 코로 냄새 맡고, 귀로 소리도 듣고, 만약 먹을 수 있는 것이면 혀로 맛을 보고 하면서 갖고 놀아 보는 거야. 도구를 사용한다면 현미경이나 돋보기로 관찰할 수도 있고, 망치나 막대로 두드려 보거나, 칼로 안을 잘라 볼 수도 있고, 혹은 저울이나 자로 무게나 크기를 측정해 볼 수도 있는 거지. 하지만 오늘은 자연물을 미술 활동의 재료로 사용하기 전에 자연물의 모양이 어떤지를 주의 깊게 탐색해 보려 해.

교사는 자연물을 이용하여 그림을 그리는 활동을 계획했다. 그리고 아이들이 보다 계획적으로 자연물을 이용한 표상 활동을 시도하도록 하기 위해서 자연물이 가진 고유의 모양을 탐색할 수 있는 시간을 마련했다. 자연물을 관찰할 수 있는 방법으로 가장 먼저 아이들이 눈과 손으로 직접 대상을 보고 느끼고 형태를 만져 보도록 하였다.

자연물의 모양을 관찰하는 방법 중 하나로 라이트테이블 위에서 그림자를 만들고 빛을 투영시키는 활동을 진행하기도 했다. 이때에는 수정토와 유리 및 아크릴 조각과 같이 빛이 투과되는 대상을 함께 제공하여 서로를 비교할 수 있도록 했다. 아이들은 자연물을 이용해서 어떤 형태를 표상해서 묘사해 보거나 혹은 나열하며 다양한 감각을 느끼기도 했다.

   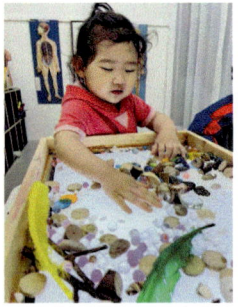

아이들이 신체감각을 이용해 충분한 감각을 느끼게 한 후 과학 도구인 현미경을 제공했다. 현미경은 대상의 특정 부분을 확대시켜 아이들로 하여금 발견하지 못했던 대상의 특징을 탐색해 보게 도와준다. 교사는 아이들이 육안으로 보았던 모양과는 다른 뜻밖의 모양을 찾도록 이끌어 주었다.

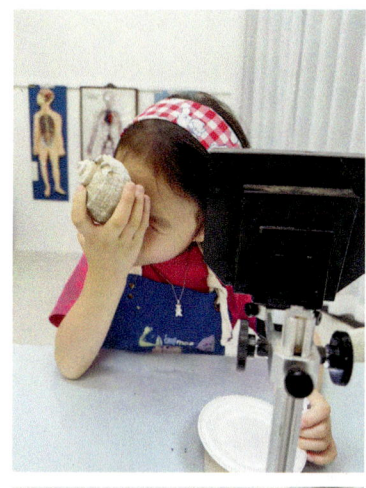

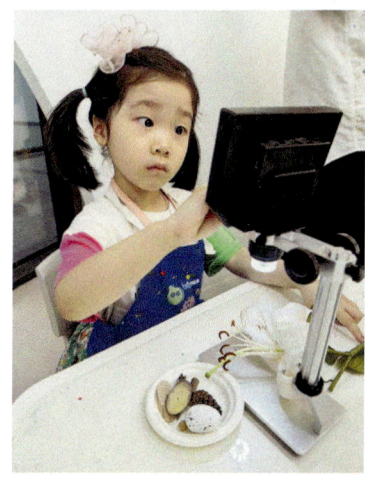
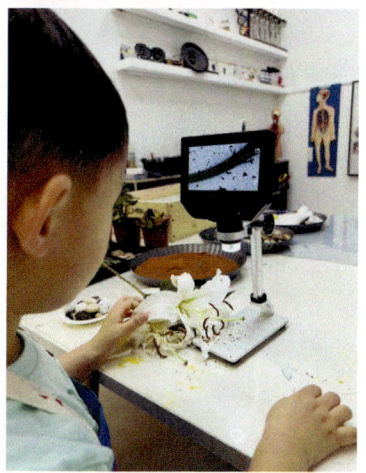

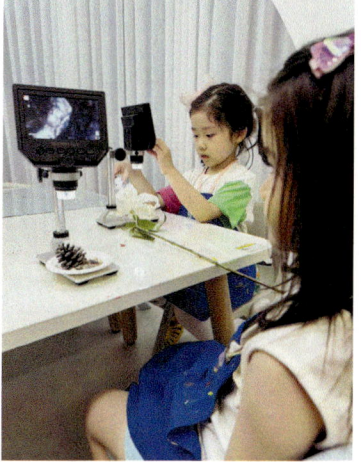

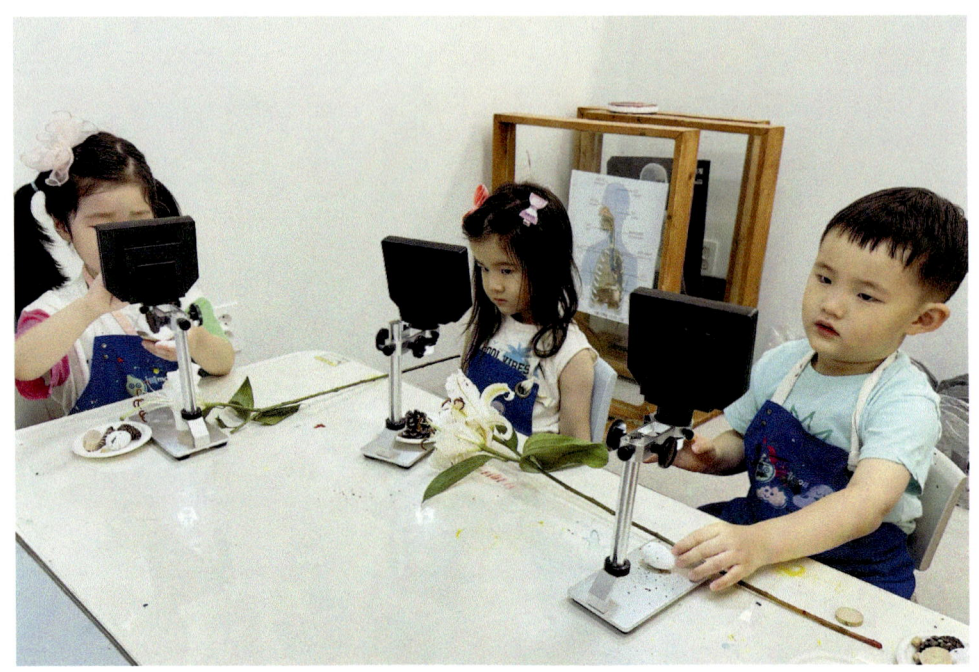

🌷 플립러닝

자연물의 개념

오감 및 도구의 활용법

🌷 teachable moment

관찰 대상의 물리적 속성 및 외형

자연물에 숨어 있는 도형과 기하학적 패턴과 무늬

🌷 확장 활동

대상의 확대 관찰

03 자연으로 그린 그림, 우리만의 벽화

<교사 주도 및 유아 발현>

> 교사: 자연물이 갖고 있는 여러 가지 모양들을 잘 살펴봤니?
> 유아 1: 솔방울에는 다이아몬드 모양이 숨어 있었어요.
> 유아 2: 소라 껍데기에는 선이 많아서 마치 줄무늬 같았어요.
> 유아 3: 나무 조각에도 동그란 무늬들이 많아요. 선생님이 나이테라고 했어요.
> 유아 1: 나무껍질에는 동그라미, 세모, 네모 다 있던 것 같아요!
> 교사: 이제 그럼 자연물의 모양을 찍어서 특별한 그림을 만들어 볼까?

교사는 자연물이 갖고 있는 고유한 형태를 이용하여 아이들이 그림을 그려 보기를 원했다. 그래서 아이들과 함께 자연물을 붓 대신 활용하여 색다른 그림을 제작해 보기로 했다. 먼저 '자연' 하면 떠오르는 색깔들을 각자 골라 와 캔버스보드의 바탕을 채색했다. 아이들은 물의 색, 가을의 색, 봄꽃의 색, 나뭇잎의 색 등을 떠올리며 원하는 색감을 표현했다.

　교사는 자연물에 물감을 묻혀 캔버스보드에 찍을 때 어떤 모양으로 자국이 생성되는지를 미리 실험해 볼 수 있는 방법도 제시해 주었다. 지점토에 원하는 자연물을 찍어 내 어떤 모양이 새겨지는지를 미리 확인해 보도록 한 것이다.

　이후 아이들은 솔방울, 나뭇가지, 깃털, 꽃, 강아지풀, 나뭇잎 등을 붓처럼 활용해 보는 시간을 가졌다. 특히 나무의 경우, 활엽수나 침엽수, 상록수 등에 따라 잎의 가장자리 모양이 다르고 잎맥의 종류가 그물맥, 나란히맥, 차상맥, 장상맥 등으로 다르게 나타났기 때문에 다양한 모양을 낼 수 있는 붓이 되었다. 나뭇가지나 풀 등은 아이들이 붓처럼 쓸고 묻히는 도구가 되어 주었고 솔방울이나 돌, 잡곡, 목화솜 등은 자연물이 지닌 고유의 모양을 찍어 내는 도장이 되어 주었다.

　이후 교사는 확장 활동으로 자연물을 그리기 도구 외에 붙임 재료, 다시 말해서 콜라주 재료로 활용해 볼 수 있도록 하였다. 보다 다양한 예술적 방식을 시도해 볼 수 있도록 한 것이다. 아이들은 목화솜을 떼서 붙이거나 돌과 열매 등을 붙이기도 했다. 자연물 외에도 일상에서의 미술 재료도 함께 활용해서 자연물과 인위적 생산물의 조화를 추구해 보기도 했다. 그리고 완성된 콜라주 그림 위에 원하는 그림을 그려 넣기도 했다.

이렇게 아이들이 함께 다양한 자연물을 활용하여 채색한 대형 합판과 그림은 모두 합쳐져 멋진 질감의 벽화가 되었다. 아이들이 공동으로 작업한 벽화는 옥외 조성 공간에서 시멘트로 제작된 화단 앞에 세워져 옥상을 예술 공간으로 탈바꿈하게 해 주었다.

🌷 플립러닝

자연물의 외적 형태
미술 도구의 종류와 활용법

🌷 teachable moment

도형과 패턴
예술적 표현과 심미적 감상
미술 기법

🌷 확장 활동

콜라주 활동과 벽화 제작

05
연잎 징검다리와 벽돌 놀이 집

교사가 제시한 자연물 관찰 활동 이후 '자연물'을 주제로 한 유아 흥미 중심의 놀이 및 일련의 탐구 활동을 서술하고, 이와 연계하여 옥외 공간에 조성된 '벽돌 놀이 집과 연잎 징검다리' 제작 사례를 소개합니다.

놀이 흐름 속 주제 관련 탐구
활동 연계 및 옥외 공간 조성 사례

- 01 -
연잎에
그림을 그려요

- 02 -
연잎 화석을
만들어요

- 03 -
지층과 화석
놀이를 해요

- 04 -
시멘트로 벽돌 놀이
집을 만들어요

01 연잎에 그림을 그려요

<교사 주도 및 유아 발현>

> 교사: 지난번엔 우리가 나뭇잎에 물감을 발라 모양을 찍어 내기도 하고, 잎맥의 모양을 관찰해 보기도 했지? 여러 가지 풀을 붓처럼 사용해 보기도 했고. 이번에는 자연물에 직접 그림을 그려 보는 건 어떨까?
>
> 유아 1: 선생님, 어디에 그림을 그려요?
>
> 교사: 돌에 그림을 그리는 스톤 페인팅은 어떨까?
>
> 유아 2: 돌은 울퉁불퉁해서 예쁘게 그리기 어려울 것 같은데…. 나뭇잎이 좋을 것 같아요.
>
> 교사: 그러면 우리, 나뭇잎을 도화지처럼 사용해서 그림을 그려 볼까?
>
> 유아 1: 선생님, 나뭇잎이 작아서 그림을 그리기 어려울 것 같아요. 아주 아주 큰 나뭇잎은 없을까요?
>
> 유아 2: 우리 연잎 봤었잖아! 연잎은 엄청 커요.

    교사는 처음 돌과 같은 다양한 자연물에 그림을 그려 보는 자연물 페인팅을 계획했다. 그러나 아이들은 자연물 중에서 평면적인 나뭇잎에 그림을 그려 보길 원했다. 그중에서도 크기가 큰 연잎을 자발적으로 떠올렸다. 교사는 아이들에게 연잎을 제공해 주었다. 처음 아이들은 연잎에 그림을 그릴 때 재미있는 탐구 주제를 발견해 냈다. 바로 붓에 있는 물기를 제대로 짜지 않으면 연잎에 그림이 잘 그려지지 않는다는 사실이었다. 이는 연잎의 특수한 성질 때문이었다. 연잎은 물에 젖지 않는 방수 능력과 물에 잘 뜨는 부력을 지닌 자연물이었기 때문이다. 그로 인해 아이들은 붓에 물을 최대한 묻히지 않은 채로 아크릴 물감을 찍어 발라 농도가 진한 물감으로 그림을 그렸다. 그리고 연잎의 뒷부분에 그려 보기도 했다.

이후 아이들은 손과 발에 물감을 묻혀 손 도장과 발 도장을 찍었다. 이때 아이들은 연잎에 닿는 촉감이 촉촉하기도 하고, 잎맥이 느껴져 울퉁불퉁하기도 하다며 자연물에 피부가 닿는 느낌을 표현해 보기도 했다.

아이들이 연잎에 그림을 그려 본 이후, 교사는 확장 활동으로 연잎 탐구 활동을 고안해 냈다. 바로 아이들이 연잎에 그림을 그리면서 체감한 연잎의 특수한 성질을 머리로 이해할 수 있게 한 것이었다. 연잎의 방수 능력을 확인하기 위해 연잎 앞뒷면의 질감을 현미경으로 관찰하고 만져 보며 차이를 느껴 보도록 했다. 또한 스포이트로 물방울을 떨어뜨려 물방울이 연잎 표면에 흡수되지 않고 흘러내리거나, 뭉쳐지는 형상을 체감하게끔 유도했다. 마지막으로 아이들은 넓은 판에 물을 받고 연잎을 띄워 연잎이 물에 뜨는지 안 뜨는지를 확인해 보면서 물놀이를 즐기기도 했다.

🌷 플립러닝

자연물의 특성
액체의 농도

🌷 teachable moment

자연물의 속성
물체의 부력
물체의 방수 능력
표면장력의 원리

🌷 확장 활동

연잎 탐구 활동

02 연잎 화석을 만들어요

<교사 주도>

> 🧑‍🦰 교사: 연잎에 물감을 바르고 찍어 내면 모양이 그대로 남지? 이런 원리를 이용해서 연잎에 반죽을 발라 굳히면 화석을 만들 수 있을 거야.
> 🧒 유아 1: 선생님, 어떤 반죽이요? 밀가루 반죽이요?
> 🧑‍🦰 교사: 화석처럼 딱딱하게 굳어지게 하려면 돌처럼 굳는 반죽을 사용하는 게 어떨까? 조각상을 만드는 석고 가루나 벽돌을 만드는 시멘트 가루 같은 게 좋을 것 같구나.
> 🧒 유아 2: 가루를 연잎에 바르면 반죽이 돼요?
> 🧑‍🦰 교사: 반죽이라는 건 가루가 물과 섞였을 때 찐득하거나 되직하게 만들어지는 형태를 말해.

　교사는 자연물의 형태를 묘사하는 방법 중 하나로 화석 만들기 활동을 계획했다. 이는 자연물에 그림을 그리고, 자연물의 형태를 찍어 내는 등의 활동 이후 자연물의 모양을 그대로 재현해 내는 과정을 결합시킨 것이다. 교사는 시멘트 가루를 준비했다. 완성된 연잎 화석은 그 자체로 옥외 공간에서의 조형물로 자리 잡을 수 있을 것 같았기에 내구성을 고려해 선택한 재료였다. 아이들은 교사와 함께 시멘트 가루를 먼저 탐색했다. 물을 섞지 않은 상태에서 만져 보고, 채에 걸러 보기도 했다. 다만 재료의 특성상 호흡기 건강에 부정적인 영향을 줄 수도 있기에, 영유아의 기관지에 흡입되지 않도록 가벼운 탐색 과정만 거쳤다.

 이후 가루를 물에 희석하며 적당히 되직한 농도를 맞추기 위해 노력했다. 아이들은 물의 양에 따른 액체의 농도 변화를 관찰하면서 가루와 물을 번갈아 추가하였다. 그렇게 교사와 함께 적당한 농도의 반죽을 완성해 냈고, 이후에는 도구를 활용하여 연잎에 반죽을 깔아 놓았다.

연잎 위에 깔아 놓은 반죽은 자연 상태에서 건조시켰다. 더운 여름 날씨 속에서 하루 반나절을 바짝 말린 시멘트 반죽은 회색 빛깔의 돌처럼 단단하게 굳어졌다. 교사는 굳어진 시멘트 반죽을 뒤집어 아이들과 함께 조심히 연잎을 떼어 냈다. 완성된 연잎 화석에는 연잎의 잎맥과 질감까지 고스란히 남아 있었다. 아이들이 농도를 맞춘 시멘트 반죽은 경화 과정에서 완벽한 농도가 아니었는지, 혹은 연잎의 크기가 지나치게 큰 데에 비해 반죽의 얇기가 얇아서였는지는 정확히 알 수 없지만, 작은 조각으로 부셔져 버렸다. 다만 아이들은 딱딱한 화석을 그 자체로 어떻게 활용할 수 있는지를 교사와 함께 논의한 끝에 옥외 공간에 징검다리로 활용하기로 결정하였다. 완성된 연잎 징검다리를 옥외 공간에 갖고 올라가 원하는 간격에 맞춰 비치해 보고 야외 활동을 더불어 즐긴 것은 꽤나 흥미로운 확장 활동이었다.

🌷 플립러닝

화석의 개념

액체의 상태 변화

🌷 teachable moment

액체, 기체, 고체 등 물질의 상태 변화

액체의 농도

자연물의 형태

🌷 확장 활동

연잎 징검다리 설치 작업 놀이

03 지층과 화석 놀이를 해요

<교사 주도 및 유아 발현>

> 교사: 시멘트로 만든 연잎 화석은 어떻게 생겼었지?
> 유아 1: 딱딱하고 나뭇잎 모양이었어요.
> 교사: 그래. 연잎이랑 똑같은 모양이 찍혔었지? 화석은 동물의 뼈나 식물이 딱딱하게 돌처럼 굳어진 것을 말해. 그런데 화석은 어떻게 만들어지는 걸까?
> 유아 2: 공룡 화석도 본 적 있어요! 공룡 화석은 딱딱하게 공룡이 죽고 나서 뼈가 발견된 걸 말해요.
> 교사: 그래, 맞아. 너희들 집은 몇 층에 있지?
> 유아 1: 저는 22층이요!
> 유아 2: 17층이요!
> 교사: 땅속에도 1층, 2층처럼 층이 있단다. 그걸 두고 지층이라고 해.

 교사는 아이들과 함께 연잎 화석으로 징검다리를 만들어 본 이후, 아이들이 화석에 대해 호기심을 갖고 있다고 판단했다. 그래서 지층과 화석에 대한 지구과학의 교과 지식을 포함하고 있는 탐구 활동을 연계하여 실천하게 되었다. 먼저 지층의 개념을 알기 위해서 연령이 낮은 아이들은 모래, 자갈, 흙, 돌, 암석 등에 대한 차이를 비교 관찰할 기회가 필요했다. 지층을 구성하는 것들에 대한 탐구는 각 알갱이들의 입자 크기 및 무게를 비교해 보는 것에서부터 시작되었다. 어린 연령의 아이들에게는 이 자체가 다양한 감각을 자극하는 훌륭한 오감 놀이가 되어 주었다. 아이들은 현미경으로 다양한 흙의 알갱이를 탐색해 보고, 같은 부피일 때의 질량 차이를 비교 측정해 보기도 했다.

05 연잎 징검다리와 벽돌 놀이집

그리고 아이들은 모래, 자갈, 흙, 돌 등 질량이 다른 흙을 채워 넣은 지층 형성 실험용 아크릴 수조에 스포이트로 물을 주입했다. 그런 다음 모래, 자갈, 흙, 돌을 한데 섞은 혼합물에 물을 넣으면 질량이 무거운 것부터 쌓여 지층이 형성된다는 것을 육안으로 관찰해 보았다. 아이들은 이 과정을 통해 흙을 구성하는 다양한 물질들과 지하수 간의 관계와 지층 형성 과정에 대해 이해해 볼 수 있었다.

이후 아이들은 지층의 개념에 대해 이해해 보고 지층 모형을 찰흙으로 제작해 보며 지층 사이에서 딱딱하게 굳어진 화석의 생성 원리를 탐구해 보았다. 아이들은 실제 화석 모형을 관찰해 보고, 석고 가루와 찰흙 틀을 이용해서 화석을 만들어 보기도 했다. 이 과정에서 연잎 시멘트 화석의 제작 과정을 회고할 수도 있었다.

지층 및 화석과 관련된 탐구 활동을 마친 뒤 아이들은 사후 활동으로 자신이 제작한 석고 화석을 이용해서 지층을 주제로 한 콜라주 그림을 그려 보기도 했다. 연령이 낮은 영아들은 확장 활동으로서 모래놀이 시에 공룡 뼈 판을 숨겨 놓아 화석 발굴 놀이로 연계하기도 했다.

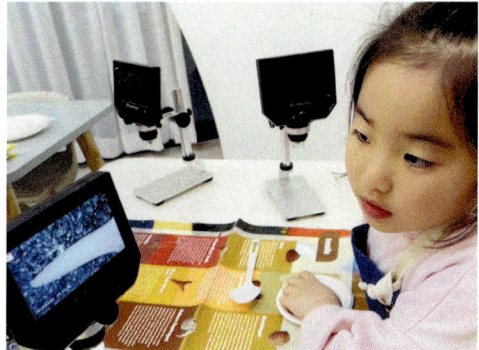

🌷 플립러닝

화석의 개념
액체의 상태 변화
지층의 구성 물질

🌷 teachable moment

흙, 모래, 자갈의 비교 탐구
무게 및 부피와 질량의 개념
지층의 개념 및 형성 과정
화석의 형성 과정

🌷 확장 활동

지식 반영 그림 그리기
가작화 놀이가 결합된 모래놀이

04 시멘트로 벽돌 놀이 집을 만들어요

<유아 주도>

> 🧒 **유아 1**: 선생님, 시멘트 가루로 화석을 만들었는데 또 무엇을 만들 수 있을지 아세요? 뭐냐면 바로바로… 집이에요! 공사장에 가면 시멘트가 아주 많이 있어요. 레미콘이랑 덤프트럭이 같이 일해요.
>
> 👩 **교사**: 그래, 정말 좋은 생각이구나. 그럼 우리, 시멘트 가루로 벽돌 집을 한번 만들어 보는 건 어떨까?
>
> 🧒 **유아 1**: 좋아요! 저는 중장비를 제일 좋아해서 아주 좋아요. 그런데 선생님, 시멘트로 반죽을 만든 다음에 벽돌을 쌓고 바르는 게 집이에요.

아이들은 시멘트로 연잎 징검다리를 만들고, 석고 가루로 화석을 만드는 등의 과정을 통해서 액체가 고체로 변화하는 과정에 큰 흥미를 갖게 되었다. 이후 아이들의 화두는 자연스럽게 시멘트 가루를 활용한 창조로 이어졌다. 특히 중장비나 자동차를 좋아하는 남자아이들은 건설 현장에서의 시멘트 가루에 집중했다. 그리고 이는 옥외 공간에 '시멘트 벽돌집'을 설치하는 과정으로 전이되었다. 교사는 아이들의 안전상 시멘트 가루 대신 황토몰탈을 제공해 주었다. 황토몰탈은 건물 조성 시에 미장용 혹은 바닥용으로 사용되는 건축 자재인데, 황토라는 친환경 특성을 지닌 재료이다. 아이들은 황토몰탈에 물을 개어 시멘트 반죽을 만들었고 벽돌을 쌓아 올리기 위한 부재료로 사용했다. 이때의 벽돌은 아이들이 쉽게 들어 올리고 쌓아 올릴 수 있도록 부표용 스티로폼 벽돌로 대체되었다.

  아이들이 벽돌집을 짓는 과정은 서로 다른 연령의 또래들에게 협업을 유도하게끔 하는 친사회적인 활동이었다. 이와 동시에 건물의 높이와 길이 및 너비와 부피, 벽돌의 개수 등에 대한 수학·과학적 연산 과정을 동반하는 인지적 활동이었다. 벽돌집을 쌓는 중간에 한여름 더위를 피하기 위해서 틈틈이 옥상 물놀이도 진행되었다.

　벽돌집을 지어 본 이후 벽돌집에 올릴 지붕을 제작하는 과정을 사후 활동으로 진행했다. 즉석에서 진행되었기에 일전에 벽화를 만들고 남았던 합판을 활용해 보았다. 2개의 합판을 원하는 방식으로 채색하고 지붕 모양을 표현하기 위해서 경첩을 이용해 기역 자 모양으로 연결했다. 아이들은 나무 지붕에도 벽돌을 올리고 싶어 했으나 크기가 지나치게 컸기에 벽돌 형태의 도미노 조각을 콜라주 재료로 활용하기로 했다. 연령이 높은 아이들은 도미노 조각으로 표상하고 싶은 형태를 구현해 내기도 했고, 어린 유아들은 조각을 단순히 줄지어 놓는 모습을 보였다. 마지막으로 합판을 연결하기 위한 목공 작업 역시 교사의 지도하에 아이들이 직접 주도하였다. 옥외 공간에 지어 놓은 벽돌집에 완성한 지붕을 올림으로써 아이들이 스스로 고안하고 제안하여 이끌어 간 놀이 집 건설 작업은 마무리되었다.

🌷 **플립러닝**

중장비 및 건설 현장과 관련된 사전 경험
시멘트 가루의 상태 변화 및 용도

🌷 **teachable moment**

물체의 길이 및 너비
물체의 부피
수 개념과 사칙연산의 기초

🌷 **확장 활동**

벽돌집 지붕 제작을 위한 예술 활동

06
화단과 흙 놀이 공간

교사가 제시한 자연물 관찰 활동 이후 '서식지'를 주제로 한 유아 흥미 중심의 놀이 및 일련의 탐구 활동을 서술하고, 이와 연계하여 옥외 공간에 조성된 '화단과 흙 놀이 공간' 제작 사례를 소개합니다.

놀이 흐름 속 주제 관련 탐구 활동 연계 및 옥외 공간 조성 사례

- 01 -
동물 서식지를 꾸며요

- 02 -
식물은 어떻게 살아가나요?

- 03 -
자동 광합성 화분과 거치대를 만들어요

- 04 -
식물이 살아갈 화단을 조성해요

- 05 -
아쿠아포닉스
— 동물과 식물이 함께 살아가요

01 동물 서식지를 꾸며요

<교사 제시 및 유아 주도>

> 교사: 식물과 동물이 살아가는 데 꼭 필요한 것들 중에는 무엇이 있을까?
> 유아 1: 물이요!
> 교사: 그래, 맞아. 식물도 물을 먹고 살고, 동물도 모두 물을 마셔야만 하지. 또 뭐가 있을 것 같아?
> 유아 2: 자연이랑 흙이요.
> 교사: 맞아. 흙은 동물과 식물이 살아가는 데 필요한 중요한 환경이야. 우리 흙으로 동물과 식물이 함께 사는 서식지를 꾸며 볼까?
> 유아 1: 서식지가 뭐예요?
> 교사: 서식지는 동물이나 식물 같은 생물이 자리를 잡고 살아가는 집 같은 곳을 말한단다.

교사는 아이들에게 서식지의 개념을 가르쳐 주고, 동식물이 살아가는 주된 환경 중 하나인 흙을 매개로 하여 놀이를 제시해 주었다. 이후 아이들은 흙과 자연물로 동물과 식물의 서식지를 조성해 보는 놀이를 자유롭게 즐겼다. 먼저 흙을 탐색해 보는 과정부터 시작했다. 아이들은 흙을 채에 거르고, 거른 흙을 평평한 바닥이나 라이트테이블 위에 깔았다. 그리고 손가락으로 그 위에 그림을 그리는 등의 활동 양상을 보였다.

 그 뒤 아이들은 각자 원하는 동물을 하나씩 골랐다. 얼룩말, 가젤, 곤충, 거북이 등 서식지를 만들어 주고 싶은 동물을 고른 뒤에는 선택한 동물이 어떤 환경에서 사는지를 조사했다. 예를 들어 초원과 우림, 사막과 해안가 등의 환경적 차이를 이해해 보고 이를 자연물을 활용해 표현하도록 제안했다. 다만 연령이 낮은 유아들은 주로 침대, 이불, 징검다리, 계단, 화장실 등 사람의 서식 환경과 관련된 요소들을 동물의 서식지에 투영해 나타나는 데 흥미가 있었다. 교사는 보다 자유로운 놀이가 될 수 있도록 유아들의 놀이를 곁에서 지켜보았다.

이후 교사는 아이들에게 황토와 거름흙, 옹기토 등 종류가 다른 흙을 제공하였다. 또한, 실재적인 식물 모형을 비치하여, 보다 넓은 영역을 구체적으로 활용할 수 있도록 사후 활동을 제시했다. 이 과정에서 아이들은 사막, 냉온대 기후, 열대우림, 초원 사바나 등 다양한 환경의 사진을 본 뒤, 각각의 환경에서 서식하는 식물과, 비슷한 형태의 자연물을 골라 동식물의 서식지를 표현했다.

🌱 플립러닝

서식지의 개념

동식물의 서식지에 필요한 요소

🌱 teachable moment

동식물의 생장 조건

기후대별 환경적 차이

동식물의 특성

🌱 확장 활동

옹기토 및 자연물을 활용해 자연환경 재현하기

02 식물은 어떻게 살아가나요?

<교사 주도>

> 교사: 식물은 밥을 먹고 자랄까? 어떻게 물만 먹고 자랄 수 있을까?
> 유아 1: 물을 주면 식물이 자라고 꽃도 펴요.
> 유아 2: 꽃이 피지 않는 식물도 있거든.
> 유아 3: 선인장은 물을 조금만 먹고도 살 수 있어요.
> 교사: 그래. 식물은 뿌리를 통해 물을 흡수해. 하늘에서 비가 내리면 빗물은 땅속으로 스며들게 되거든. 그걸 지하수라고 하지. 식물 뿌리는 땅속에 박혀서 물을 빨아들여.
> 유아 1: 그럼 그 물이 줄기로 가잖아요.
> 교사: 맞아. 식물의 줄기 속에는 물이 이동하는 통로가 숨어 있어.

　교사는 서식지별로 식물이 살아가는 생장 방식을 아이들에게 가르쳐 주고자 했다. 이는 옥외 공간에 식물 화단을 조성하기에 앞서 선행된 교사 주도의 계획적인 교육 활동이었다. 아이들이 옥외 공간에서 식물을 길러 보면서 다양한 생태 교육을 실시할 수도 있고, 조경학적 관점에서 공간에 대한 미적 기준이 식물을 통해 제고될 수도 있었기 때문이다. 아이들은 교사의 설명과 다양한 교과 매체를 통해 식물이 수분을 흡수하는 과정, 식물이 물과 햇빛을 통해 양분을 합성해 내는 과정 등을 학습했다. 이후 아이들은 식물의 뿌리, 잎, 꽃, 줄기 등을 주의 깊게 관찰했다. 그런 뒤 식물을 직접 캐고 혹은 심어 보면서 식물의 구조를 오감을 활용해 탐색했다. 학령 전 혹은 학령기 아이들은 식물을 관찰하는 동시에 묘사하는 과정을 동반하기도 했다.

　연령이 낮은 아이들은 나뭇잎의 색소를 추출하거나 잎과 줄기를 자르고 열매와 나뭇잎을 빻아 보는 등 다양한 탐구 및 오감 활동을 통해 식물의 생김새와 특성을 체감하는 방식을 활용했다. 또한 교사와 함께 잎맥 추출 실험을 진행하여 잎살을 제거한 잎맥 형태 그 자체를 탐색해 보기도 했다. 이런 과정을 선행한 뒤에는 아이들과 지식 반영 그림을 그렸다. 뿌리가 물을 흡수하는 모습, 양분이 줄기 속을 이동하는 모습, 잎맥이 그물처럼 펴져 있는 모습 등 아이들은 학습한 지식을 그림으로 나타냈다.

사후 활동으로 교사는 식물의 서식지와 관련하여 일전에 아이들이 조성했던 기후별 자연환경을 연계했다. 아이들은 이끼류, 선인장 및 다육이, 물배추 등 평소에 접하지 못했던 다양한 형태의 식물을 관찰했고 이끼를 놀이나 미술 활동의 재료로 활용해 보기도 했다.

🌷 플립러닝

식물의 개념
식물의 서식 환경

🌷 teachable moment

식물의 생장 조건
식물의 광합성
식물의 구조와 역할
식물의 생김새

🌷 확장 활동

기후별 다양한 식물 탐색하기 및 자연물을 활용한 예술 활동

03 자동 광합성 화분과 거치대를 만들어요

<교사 주도 및 유아 발현>

> 교사: 식물이 성장하려면 물 말고 햇빛도 필수적인 걸 이제 알았지?
>
> 유아 1: 네. 햇빛이 있어야 식물이 광합성을 한다는 걸 알게 됐어요.
>
> 유아 2: 선생님, 그런데 햇빛이 없는 실내에서는 식물이 어떻게 잘 자라는 거예요?
>
> 교사: 실내에도 햇빛은 들어올 수 있어. 다만, 실내에 창문이 작거나 없다면 식물이 광합성을 하는 데 필요로 하는 충분한 양의 햇빛이 들어올 수는 없겠지? 이럴 때 필요한 게 바로 자동 광합성 화분이야.
>
> 유아 1: 자동 광합성이 뭐예요?
>
> 교사: 햇빛에는 'UV'라는 광선이 있는데, 이 광선은 식물이 광합성을 할 수 있도록 도와주는 역할을 한단다. 이 UV 광선은 햇빛뿐만 아니라 전구, 즉 UV 램프의 빛에도 들어 있지. 그리고 이 빛을 내는 램프를 '식물 성장 램프'라고도 한단다. 정리하자면, 자동 광합성이란 '식물 성장 LED'를 화분에 달아서 식물의 광합성을 돕는 거야.

교사는 아이들에게 자동 광합성 화분에 필요한 주재료인 '식물 성장 LED'를 소개했다. 아이들은 동식물의 서식지를 조성하고 식물의 생장과 관련된 선행지식을 이미 습득한 뒤였기에 광합성의 필요성을 인지하고 있는 상태였다. 이 식물 성장 LED는 건전지나 전력으로도 밝힐 수 있지만 사람이 없을 때에도 자동적으로 전구를 밝힐 수 있도록 지속 가능 에너지의 힘을 빌리기로 했다. 지속 가능 에너지 중 태양광은 가장 효율이 좋은 전지 중 하나이다. 자동 광합성 화분을 만들기 위해 아이들은 먼저 폐품이나 다양한 공학 부품을 활용하여 나만의 화분을 디자인하였다.

화분을 완성한 뒤에는 교사와 함께 식물 성장 LED와 태양광 전지를 연결해 보았다. 그런 뒤에 아이들은 전지에 태양광을 비추고 차단하면서 LED의 변화를 관찰했다. 태양광 전지가 실제로 전력을 생산하는지, 식물 성장 LED에 불이 켜지는지를 직접 확인한 것이다. 그리고 완성된 자동 광합성 화분에 식물을 심어 앞으로의 성장을 지켜보기로 약속했다.

화분을 완성한 뒤 아이들은 화분을 놓을 거치대도 필요하다고 이야기했다. 교사는 아이들의 요구에 버려지거나 쓰지 않는 선반 장, 목재, 나무 소품 등을 이용해서 즉석에서 화분 거치대를 만들기로 했다. 아이들은 함께 힘을 합쳐 목재를 채색하고, 공구를 사용해 부품을 연결하면서 화분 거치대를 제작했다.

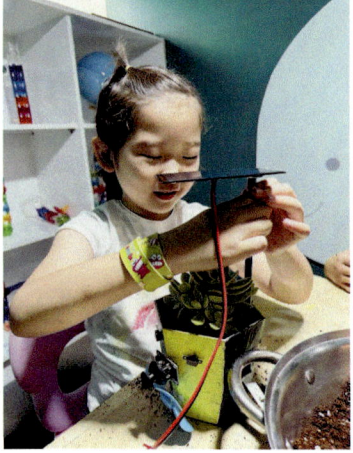
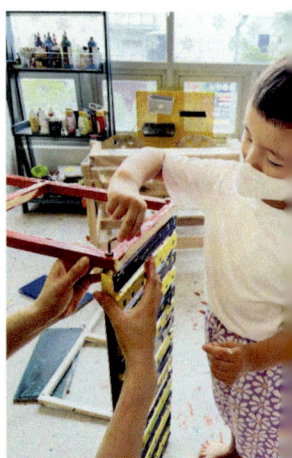

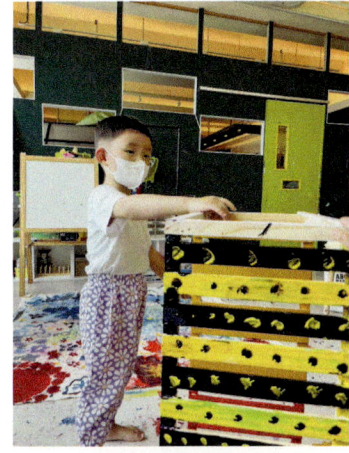

🌷 플립러닝

식물의 생장 방식

광합성의 원리

🌷 teachable moment

공학 부품의 종류와 활용

대상의 설계와 제작

🌷 확장 활동

화분 거치대 제작 활동

04 식물이 살아갈 화단을 조성해요

<유아 주도>

> 교사: 옥외 쉼터에 식물이 함께 자랄 수 있는 화단이 있으면 좋을 것 같은데, 너희들은 어떻게 생각하니?
>
> 유아 1: 좋아요. 선생님, 우리가 물놀이할 때 썼던 거북이 사육 상자같이 큰 화분을 이용하면 어때요?
>
> 교사: 아주 좋은 생각인데? 그런데 그 사육 상자에 물이 빠질 구멍이 있는지 모르겠다.
>
> 유아 2: 구멍을 뚫으면 돼요. 그리고 물 내릴 때 물이 내려가는 수로도 있으면 어떨까요? 그럼 더 재미있게 물을 줄 수 있을 것 같아요.
>
> 유아 3: 선생님, 어떤 화분에는 식물을 안 심으면 어때요? 흙 놀이도 할 수 있게요.
>
> 교사: 그것도 재미있는 생각이구나. 그럼 흙 놀이 공간을 작게 만들어 볼까?
>
> 유아 1: 좋아요!

옥외 공간에 화단을 조성할 것을 제시하자, 아이들은 각자 원하는 방식의 화단을 구상하기 시작했다. 화단 벽면에 파이프로 수로를 만들어 물이 내려갈 수 있는 물 내림 장치를 제작하고 싶다는 아이도 있었고, 흙 놀이 공간이 같이 비치되면 좋겠다고 말한 아이도 있었다. 교사는 아이들의 의견을 반영하여 함께 화단을 조성했다. 교사와 아이들은 케이블 타이로 파이프 관을 묶어 철제 타공판에 물 내림 장치를 만들었다. 그리고 나서 아이들은 자신들이 만든 물 내림 장치가 잘 작동하는지를 확인해 보기 위해서 물총, 물뿌리개, 호스 분사기를 이용해 파이프에 물을 흘려 보았다. 물 내림 장치를 통해 화단으로 떨어지는 물을 확인한 아이들의 얼굴에 환한 미소가 번졌다. 이후 즉석 물놀이가 진행되기도 했다.

 본격적으로 화단에 식물을 심을 차례가 되었다. 아이들은 힘을 합쳐 흙과 식물을 나르고 삽으로 정성스레 식물을 심었다. 교사는 크기가 작은 식물부터 작은 나무 모종까지 다양한 식물을 아이들에게 제공해 주었다. 아이들은 식물의 크기, 생김새, 높이 등의 조화와 식물이 필요로 하는 물의 양을 고려하여 식물을 심었다. 이전에 배웠던 기후대에 따른 식물별 분포가 실생활에서 활용된 순간이었다.

식물을 심고 남은 흙은 아이들이 원하는 대로 흙 놀이 공간을 만드는 데 활용되었다. 아이들은 원하는 위치마다 흙을 조금씩 쌓아 두어 언제든지 바닥에 주저앉아 흙을 갖고 놀 수 있는 환경을 만들었다. 어떤 아이들은 흙에 돌을 섞어 다양한 질감의 흙으로 놀이를 할 수 있도록 했다.

사후 활동으로 아이들은 풍력 바람개비를 만들어 화단에 꽂아 주었다. 아이들은 풍력 발전용 소형 모터에 프로펠러를 연결하고, LED 전구를 달았다. 입바람으로 프로펠러를 돌리면 발전용 모터가 전력을 생산해 LED 전구에 불이 들어오는 현상을 즉석에서 확인할 수 있었다. 그리고 나서 아이들은 바람개비를 원하는 방식으로 꾸몄다. 아이들이 만든 바람개비는 화단에서 자연 바람을 만나 힘차게 돌아갔다.

🌷 플립러닝
식물의 생장 방식
화단 조성에 필요한 물적 자원

🌷 teachable moment
식물의 한살이
분갈이와 여과

🌷 확장 활동
풍력 발전 바람개비 제작 활동

05 아쿠아포닉스 – 동물과 식물이 함께 살아가요

<교사 주도>

> 교사: 그동안 우리는 식물과 동물을 서로 다른 환경에서 길러 왔지? 예를 들어 물고기는 어항 속, 곤충은 흙 사육장, 식물은 화분에서 길렀어. 그런데 이것들 중에 물고기랑 식물은 같은 사육장 안에 넣어서 길러 보는 건 어떨까?
>
> 유아 1: 선생님, 물고기는 물에 살고 식물은 땅에 사는데 어떻게 그렇게 키워요?
>
> 교사: 위는 흙이고 아래는 물이면 어떨까?
>
> 유아 1: 그건 같은 곳에서 사는 게 아니라, 그냥 위아래 공간에서 따로 사는 거잖아요.
>
> 교사: 만약에 물고기가 먹는 물을 식물이 끌어다 쓰고, 식물이 먹고 남은 물에서 물고기가 살아가는 환경이라면? 그래도 물고기랑 식물이 따로 산다고 말할 수 있을까?
>
> 유아 2: 어떻게요?
>
> 교사: 잘 들어 봐. 물고기는 깨끗한 물을 좋아하고, 식물은 거름을 좋아하지? 물고기의 똥이 섞여 있는 물은 식물에게 아주 영양가가 많은 물이 되어 줄 거야. 그리고 그런 식물이 심어진 흙은 물을 깨끗하게 정화시키기도 하고, 물고기에게 좋은 미생물도 많이 섞여 있지.

교사는 아이들에게 아쿠아포닉스의 원리를 설명했다. 아쿠아포닉스란, 물고기를 이용한 순환경 수경 재배 방식을 말한다. 물고기를 키우면서 발생되는 유기물을 이용해 식물을 수경 재배 하는 순환형 시스템인 셈이다. 아쿠아포닉스를 만들기 위해 아이들은 먼저 흙에 사는 식물, 물에 사는 식물 그리고 물고기에 대한 탐색을 했다. 흙에 식물을 심고 식물 성장 램프를 연결하고, 아쿠아포닉스에 필수적인 장치인 모터 펌프를 이해하기 위해 분수와 펌프, 스포이트 등을 갖고 물놀이를 하기도 했다.

아쿠아포닉스 설계 과정의 핵심은 식물에게 물을 공급하는 방식과 물고기가 살아가는 물을 정화시키는 방식을 해결하는 것이다. 먼저 아이들은 화단에서 내려간 물이 수조로 흘러들어 가기 전에 정화시킬 수 있는 방법을 생각해 보았다. 교사는 간이 정수기를 활용한 여과 시스템을 토대로 흙탕물이 정화되는 과정을 소개했다. 아이들은 이 과정에서 화단에서 내려온 흙탕물을 여과해야 하는 필요성을 깨달았다. 그리고 흙탕물을 여과하는 방법을 눈으로 확인할 수 있었다.

그리고 나서 아이들은 본격적으로 식물이 있는 화분과 금붕어가 사는 수조를 일체화시켰다. 간이 정수기 위로 화분을 연결하고, 연결한 화분은 수조에 일정 부분 잠기도록 설치했다. 식물에 물을 주면 간이 정수기가 물을 정화시켜 수조로 흘려보내는 방식이었다.

수조의 물은 모터 펌프를 이용해 식물에게 공급할 수 있다. 아이들은 이미 분수 놀이를 통해 펌프의 원리와 역할을 체감했기 때문에 교사가 제시하기 이전에 먼저 펌프와 호스를 언급했다. 여기서 한발 더 나아가면 아두이노를 활용해서 수조에 자동 급수 시스템을 접목시킬 수 있다.

　이미 시중에는 농작물을 재배할 수 있는 스마트팜인 교육용 온실 키트가 판매되고 있다. 코딩 기술이 실생활에 어떻게 접목되고 활용되는지를 아이들에게 직접 체감시키는 것만큼 좋은 미래 과학기술 교육은 없을 것이다. 아두이노를 스마트팜 기술에 활용하는 방법으로는 먼저 온도 측정 센서에 더운 입바람을 불어서 차갑고 뜨거운 정도를 전구 색상으로 표시할 수 있다. 이 외에도 토양 수분 측정 센서와 모터 펌프를 연결시키는 방법도 있다. 수분 측정 센서가 토양의 수분 함량을 측정하여 그 정도에 따라 모터 펌프를 작동시켜 급수 시스템을 가동시키는 것이다. 어린아이들은 교사가 미리 짜 놓은 코딩 값에 센서가 측정한 수치를 입력하면 된다. 작동되는 스마트팜 시스템을 체험하는 것만으로도 충분한 교육적 의의가 있을 것이다.

06 화단과 흙 놀이 공간

🌷 플립러닝

식물의 생장 방식

온도와 습도의 개념

🌷 teachable moment

식물의 생장 조건

온도와 습도 측정

🌷 확장 활동

아두이노와 코딩을 접목한 스마트팜 조성